Kristina Stock

Basiswissen Arabische Dichtung

Edition
Hamouda

Kristina Stock

Basiswissen Arabische Dichtung

Lektorat:
Birgit Bouraima

Edition
ف
ح
Hamouda

Zur Autorin:
Dr. phil. Kristina Stock, geb. 1962 in Altenburg.
Arbeitsgebiete: Arabistik (Sprach-, Dolmetsch- und Übersetzungswissenschaft, Stilistik, Kultur und Literatur)
Werdegang: Diplom-Sprachmittler für Französisch und Arabisch; Dissertation (Die Bildersprache des zeitgenössischen irakischen Autors ᶜAbd ar-Raḥmān Maǧīd ar-Rubaiᶜī. Entwurf eines Modells zur Analyse und Interpretation von Sprachbildern); Forschungs- und Lehrtätigkeit am Orientalischen Institut der Universität Leipzig, am Institut für Islamwissenschaften der Freien Universität Berlin und am Institut für Sprachen und Kulturen des Vorderen Orients der Universität Jena; Freie Übersetzerin, Rundfunk- und Verlagsmitarbeiterin
Veröffentlichungen: wissenschaftliche Publikationen und literarische Übersetzungen

1. Auflage

Druck: PBtisk s. r. o., Přibram

ISBN 978-3-940075-99-4
www.hamouda.de

Inhaltsverzeichnis

Vorwort

Dieses Handbuch soll einen kompakten Überblick über Formen, Inhalte und Vertreter der arabischen Dichtung seit ihren Anfängen geben. Schlüsselbegriffe sind auf Deutsch und Arabisch aufgeführt. Zur Vertiefung der dargebrachten Informationen und als Anregung für weitere Recherchen werden am Schluss der einzelnen Kapitel Kontrollfragen gestellt, deren Beantwortung nicht immer allein aus dem vorangegangenen Text hervorgeht, sondern auch mit Hilfe anderer Kapitel erfolgen kann, zumal dem roten Faden des Buches eine chronologische Reihung zugrunde liegt. Mitunter muss man auch in den Literaturempfehlungen oder im Internet nach Antworten suchen, um auf der Basis der in diesem Buch gelieferten Grundkenntnisse ausführlichere Darstellungen einzubeziehen.

Da die arabische Poesie eine viele Jahrhunderte alte Geschichte aufweist und die mündliche Weitergabe eine große Rolle gespielt hat, sind etliche Aspekte ihrer Entwicklung nach wie vor umstritten. In den nachfolgenden Ausführungen werden nur gesicherte Erkenntnisse vorgelegt oder gegebenenfalls relativiert. Hypothetische Aussagen sind kursiv hinzugefügt. Im Sinne der knappen, sachlichen Darstellung von Fakten erfolgen keine literaturkritischen Einschätzungen zu den künstlerischen Äußerungen der arabischen Dichter. Zur Illustration dienen Gedichtbeispiele, die - wenn nicht anders angegeben - von der Verfasserin übersetzt wurden. Alle hier gelieferten Informationen basieren auf arabisch- und europäischsprachiger Sekundärliteratur sowie teilweise auch auf eigenen Analysen. Sie werden nicht mit konkreten Quellenangaben versehen. Stellvertretend für die Fülle an Schriften über arabische Dichtung wird im Anhang eine Auswahl deutschsprachiger Literatur zum Thema aufgeführt.

Aussprachehinweise für Sonderzeichen

	Langvokale	
ā	langes a	Bahn
ī	langes i	nie
ū	langes u	suchen
	Konsonanten	
'	nicht gepresster Stimmlippenverschlusslaut	beachten *(Knacklaut zwischen e und a)*
ṯ	Stimmloses englisches th	thank *(englisch)*
ǧ	stimmhaftes dsch	journey *(englisch)*
ḥ	gehauchtes h (gepresster Knorpelglottis-Engelaut)	
ḫ	ch	Bach
ḏ	stimmhaftes englisches th	with, that *(englisch)*
r	gerolltes Zungenspitzen-r	Rand *(mundartlich)*
z	stimmhaftes s	Sand
š	Stimmloses sch	Schule
ṣ	dunkles s (emphatischer, velarisierter Laut)	
ḍ	dunkles, weiches d (emphatischer, velarisierter Laut)	
ṭ	dunkles t (emphatischer, velarisierter Laut)	
ẓ	velarisiertes ḏ	
ᶜ	gepresster Knarrlaut in der Stimmritze	
ġ	Zäpfchen-r	Rand *(neuhochdeutsch)*
q	dunkles k (Fortis-Verschlusslaut, am Gaumensegel artikuliert)	
	Halbvokale	
w	wie das englische w	wall *(englisch)*
y	wie das deutsche j	Jacht

Abkürzungen

arab. / Arab.	Arabisch
Aufl.	Auflage
b. / B.	bin (dt. „Sohn“, Namensbestandteil)
Bd.	Band
bzw.	beziehungsweise
dt.	deutsch
engl.	englisch
geb.	geboren
gest.	gestorben
Hrsg./hrsg.	Herausgeber/herausgegeben
Jh.	Jahrhundert
n. Chr.	nach Christus
Pl.	Plural
u. a.	und andere
usw.	und so weiter
v. Chr.	vor Christus
z. B.	zum Beispiel

1. Arabische Poesie als künstlerische Ausdrucksform

Dichtung ist Kunst und in der arabischen Welt bis heute eine überaus geschätzte, wenn nicht vielerorts sogar die am meisten praktizierte und am höchsten geachtete Kunst überhaupt. Und dennoch: Denkt ein Europäer an arabische Kunst, tauchen sicher vor seinem geistigen Auge nicht die Namen großer Dichter auf, sondern möglicherweise eher Gegenstände des Kunsthandwerks wie Metallarbeiten, Keramiken oder Teppiche, wahrscheinlich auch architektonische Meisterwerke wie kuppelgekrönte Moscheen und fayencegeschmückte Paläste mit Säulengängen und filigranen Stukkaturen.

Gewiss genießen solche Objekte künstlerischer Äußerung auch Wertschätzung in der arabischen Welt, mehr noch als die erst seit dem 20. Jh. nach europäischem Vorbild sich etablierende Malerei, Grafik und Plastik. Indes wird die Kunst des Wortes von Arabern wie von Außenstehenden oftmals so hochstilisiert, dass die Kennerin der islamischen Poesie, Annemarie Schimmel, die Dichtung als eine Kunst pries, „die im islamischen Orient bis zum heutigen Tage lebendig ist und die man gewissermaßen einatmet, wo immer man sein möge.“[1] Und tatsächlich ist Dichtung sehr oft im Alltag präsent wie in den Medien, in Privatbriefen, bzw. zeitgemäßer, verlinkt in E-Mails, bei privaten und öffentlichen Festlichkeiten, sogar in politischen Ansprachen.

In der arabischen Kunsttheorie gehört die Dichtung zu den sogenannten „Künsten des Denkens und Fühlens“ (فُنُون العَقْلِ والشِّعْرِ funūn al-ᶜaql wa-š-šiᶜr) als Ausdruck rationaler Lebensäußerung und der vom Islam geforderten Suche nach

[1] Schimmel, Annemarie: Nimm eine Rose und nenne sie Lieder. Poesie der islamischen Völker. Köln: Eugen Diederichs Verlag, 1987, S. 20.

Wissen (طَلَـبُ العِلْمِ ṭalab al-ᶜilm). *Islamische Gotteshäuser sind nicht mit figürlichen Darstellungen, etwa in Form von Fresken oder Skulpturen, ausgeschmückt, sondern mit sakralen Kalligrafien, also mit grafisch gestalteten Worten, die den Betrachter nicht nur dank ihrer ästhetischen Ausstrahlung, sondern auch wegen der darin vermittelten sprachlichen Botschaft in ihren Bann ziehen sollen.* (> 9. Poesie und Islam)

Künste des Anhörens	**Künste der bildlichen Darstellung**	**Künste des Denkens und Fühlens**
فُنُونُ السَّمَاعِ funūn as-samāᶜ	فُنُونُ الصُّوَرِ funūn aṣ-ṣuwar	فُنُونُ العَقْلِ والشِّعْرِ funūn al-ᶜaql wa-š-šiᶜr
Musik	Malerei, Plastik, Kalligrafie, Architektur, Kunsthandwerk	Wortkunst

Kalligrafie: „Allein Gott ist siegreich."

Im 9. Jh. zählte man die Poesie sogar zu den Wissenschaften, die in islamische und nichtislamische unterteilt wurden:

Islamische Wissenschaften	**Nichtislamische Wissenschaften**
Philologie (mit Poesie)	Natur- und Geheimwissenschaften
Geschichtsschreibung	Mathematik
Theologie	Philosophie
Recht	Geografie
	Medizin

Bei den sogenannten „Lauteren Brüdern“ (إِخْوَانُ الصَّفَاءِ Iẖwān aṣ-ṣafā’), einer konspirativen Gelehrtengruppe aus Al-Baṣra im 10. Jh., wurde die Dichtung als „erlaubte Magie“ (سِحْر حَلَال siḥr ḥalāl) bezeichnet und als für den Islam nützliche Übung empfohlen. Zu einem immanenten Bestandteil religiösen Kultes wurde die Poesie bei den islamischen Mystikern. (> 17. Sufische Dichtung)

Die arabische Poesie wird in wissenschaftlichen Abhandlungen meist drei großen Epochen zugeordnet:

1. Altarabische bzw. vorislamische Dichtung (5. Jh. - Anfang 7. Jh.)
2. Klassische arabische Dichtung (Anfang 7. Jh. - 13. Jh.)
3. Moderne arabische Dichtung (ab Mitte 20. Jh.)

Auch zwischen dem 13. und dem 20. Jh. gab es arabische Dichtung. Sie wird jedoch sowohl in der Pflege des arabischen Kulturerbes als auch in der wissenschaftlichen Forschung vernachlässigt, da jene Epoche als eine Zeit der Stagnation unter osmanischer und europäischer Fremdherrschaft gilt. Dennoch lassen sich ebenso für jene Zeit traditionsbezogene lyrische Leistungen und herausragende künstlerische Neuerungen belegen. Besonders in Ägypten und in der Levante kam es im 19. Jh. zu einer Art „Renaissance“, im Arabischen als Nahḍa (النَّهْضَة an-nahḍa, „Wiederbelebung“) bezeichnet. Auf dem Gebiet der Poesie konnte klassisches arabisches Erbe dank neuer Publikationsmöglichkeiten populär gemacht werden. Zusätzlich erfuhr die literarische Kreativität unter dem Einfluss englischsprachiger, französischer, russischer und deutscher Künstler neue Impulse.

Kontroll- und Vertiefungsaufgaben:

a) Warum hat die Dichtung einen solch hohen Stellenwert in der arabischen Kultur?
b) Warum konnte sich die bildende Kunst auf der Arabischen Halbinsel und später im gesamten arabischen Sprachraum nicht so entwickeln wie in Europa?
c) Welche arabischen Dichter sind international bekannt geworden?

2. Die Anfänge der Dichtung auf der Arabischen Halbinsel

Ohne authentische schriftliche Quellen ist es schwierig, Geschichtsforschung zu betreiben, wenn man nicht wie Archäologen nach Gegenständen der materiellen Kultur sucht. Dichtung lässt sich nicht materialisieren, sie besteht aus formulierten Lauten mit ästhetischem und rationalem Gehalt. Schriftkulturen liefern immerhin sichtbare Zeugnisse, die man erst entschlüsseln muss oder sogar gleich lesen kann. Jedoch die weitverbreitete nomadische Lebensweise auf der Arabischen Halbinsel in den Jahrhunderten vor dem Aufkommen des Islams erlaubte wenig materielle Güter und schon gar keine im bloßen Überlebenskampf überflüssigen Schriftstücke oder Bibliotheken.

Es gab freilich einige städtische Zentren, wie etwa im Norden der Arabischen Halbinsel Richtung Syrien und Mesopotamien. Dort herrschten seit Mitte des 1. Jahrtausends v. Chr. die aus Nordwestarabien eingewanderten Nabatäer und seit Anfang des 6. Jh. n. Chr. die aus Südarabien stammenden Ghassaniden (الغَسَاسِنَة al-Ġasāsina). Ihren Aufstieg verdankten die Ghassaniden dem Bündnis mit Ostrom. Sie galten ebenso wie die zur selben Zeit im südlichen Zweistromland regierenden arabischstämmigen Lakhmiden (بَنُو لَخْم Banū Laḫm) als wichtige Kunstmäzene. Ebenfalls eine Hochkultur mit städtischen Ansiedlungen bestand seit dem 1. Jahrtausend v. Chr. in einem Gebiet, das den heutigen Jemen und den westlichen Oman umfasst, also bei den Südarabern mit ihrer eigenen, mittlerweile fast ausgestorbenen Sprache.

Mit mehr Nachwirkung gedichtet wurde aber bei den überwiegend nomadisch lebenden Nordarabern. Diese fassten ihre Fantasien, ihren Liebesschmerz, aber auch ihre Siegesbotschaften und Trauergesänge in poetische Worte, die gereimt waren und oft auch ein Metrum aufwiesen. Dadurch ließen sie sich gut merken und mündlich weitergeben.

Die Arabische Halbinsel in vorislamischer Zeit:

Für die Verbreitung sorgte der jeweilige Assistent des Dichters, der eine Vielzahl von Gedichten auswendig wusste. Die Verse fanden Gehör am Rande von Märkten (z. B. in ᶜUkāẓ bei Mekka und in Al-Mušaqqar, dem heutigen Al-Aḥsāʼ im Osten der Arabischen Halbinsel, oder in der Nähe von Wallfahrtsstätten (z. B. in Mekka mit seinem vorislamischen Tempelbau, der späteren islamischen Kaaba). Ein weiteres wichtiges Zentrum der Dichtkunst war im 6. Jh. n. Chr. die Residenz der Lakhmiden in Al-Ḥīra. *Offenbar profitierten die Nomaden davon, dass sich Gedanken und Worte leicht überallhin transportieren lassen, und schufen eine eigenständige Dichtkunst als hochgeschätzte Alternative zu anderen an Sesshaftigkeit gebundenen Künsten.*

شاعِر šāᶜir < شَعَرَ šaᶜara
„empfinden"
Dichter, der seit vorislamischer Zeit in der sozialen Hierarchie hohes Ansehen genießt

راوٍ rāwin < رَوَى rawā
„tränken"; „erzählen", „überliefern"
Assistent eines oder mehrerer Dichter mit der Aufgabe, Gedichte zu verbreiten

Die Anfänge der arabischen Poesie können nicht datiert werden. Ein erstes Zeugnis über Lieder der Araber findet sich Mitte des 4. Jh. in der spätlateinischen Literatur. Sie berichtet von den Kämpfen der römischen Legionen auf der Arabischen Halbinsel und erwähnt in diesem Zusammenhang Brunnenlieder, die von den Nomaden bei der Ankunft an Wasserstellen gesungen wurden.

Eine eigene arabische Geschichtsschreibung setzte in größerem Umfang erst im 8. Jh. n. Chr. ein, als die Eroberungszüge der Prophetennachfolger nicht mehr im Mittelpunkt der gesellschaftlichen Aktivitäten standen und die materiellen und geistigen Gegebenheiten für die Entwicklung von Wissenschaft und Kunst geschaffen worden waren, übrigens nicht zuletzt dank einer offenen Geisteshaltung gegenüber den Leistungen der ins Kalifat integrierten Völker. Damit hatte

sich auch eine schriftliche Kultur etabliert, die sich bei ihren Aussagen zur Vergangenheit allerdings nur auf die eigenen mündlichen Überlieferungen oder auf Texte fremder Kulturen stützen konnte.
Gleichzeitig begannen sich die Bewohner der aufblühenden Städte im Kalifat mehr und mehr für die Dichtung ihrer nomadischen Vorfahren zu interessieren. Sprachgelehrte gingen zu den Beduinen und schrieben die mündlichen Überlieferungen auf, deren absolute Echtheit jedoch nicht wissenschaftlich belegt werden kann. *Genauso wie Dichtung wurden auch Aussprüche des Propheten bis in die heutige Zeit unter Beduinen mündlich weitergegeben, und Vergleiche mit vor Jahrhunderten aufgezeichneten Belegstellen zeigen nur sehr wenige Abweichungen, was für die Verlässlichkeit der mündlichen Überlieferung spricht. Dennoch können Fälschungen nicht ausgeschlossen werden.*
In den seit dem 8. Jh. angefertigten, auf Überlieferungen basierenden Aufzeichnungen zur vorislamischen Zeit finden sich Hinweise auf Aufmunterungsgesänge der Kameltreiber, Lieder junger Beduinen und gesungene Totenklagen von Frauen sowie auf den Kunstgesang der Sesshaften mit ihren Liedern, von denen manche ernsthafte moralisierende Aussagen hatten und andere eher der reinen Unterhaltung dienten. *(> 27. Dichtung und Musik)*

Kontroll- und Vertiefungsaufgaben:

a) Finden Sie Argumente und Gegenargumente für die Echtheit mündlicher Überlieferungen!
b) Warum interessierte man sich im Kalifat seit dem 8. Jh. n. Chr. für die altarabische Dichtkunst?
c) Welche Voraussetzungen waren erfüllt, damit die arabische Kultur im 10. Jh. n. Chr. ihre Blütezeit erreichen konnte?

3. Sprache und Struktur der altarabischen Dichtung

Die überlieferten Dichtungen haben eine gemeinsame Sprache, das Nordarabische, in dem dann Anfang des 7. Jh. n. Chr. der Koran offenbart wurde und das wegen dieser sakralen Verbindung bei den Muslimen bis heute als eine Sprache gilt, die möglichst unverändert erhalten bleiben sollte. Deshalb kann jeder, der das moderne Hocharabische beherrscht, auch mehr als tausend Jahre alte arabische Texte weitestgehend verstehen. Der Wortschatz der altarabischen Dichtung enthält dennoch Ausdrücke, die schon ab dem 8. Jh. n. Chr. nicht mehr geläufig waren, aber als klassisch und damit als hochsprachlich galten. Immerhin war die Reinheit (فَصَاحَة faṣāḥa) der arabischen Sprache in Gefahr geraten, als sie nicht mehr nur von den eigentlichen Arabern, sondern auch von eroberten Völkern gesprochen wurde und es in Wortschatz, Aussprache und Grammatik zu Interferenzen mit deren Sprachen kam, also z. B. mit Berberdialekten, Kurdisch oder Persisch. Das unverfälschte Arabische gab es noch im Koran und in den Versen der alten Dichter.

Die Sprache der altarabischen Dichter soll nur geringfügig vom jeweiligen Stammesdialekt beeinflusst gewesen sein. Auffallend ist ein reicher, differenzierender Wortschatz, der sich durch hohe Präzision auszeichnet. Die Sprachbilder wirken realistisch und sind gut nachvollziehbar. Bisweilen werden Naturerscheinungen personifiziert. Neben einer offensichtlichen Schmuckfunktion hatten die Metaphern und Vergleiche auch die Aufgabe, eine Beschreibung zu präzisieren. *Die genaue Wahrnehmung der (eigentlich einförmigen) materiellen Umgebung, von Naturstimmungen und menschlichen Gefühlswelten scheint dazu geführt zu haben, dass man viele Begriffe für Ähnliches schuf, was bei oberflächlicher Betrachtung als Synonymie wahrgenommen werden kann. Die arabischen Lexikografen beschäftigten sich ab dem 8. Jh. vielfach mit solchen Phänomenen. Manche zogen deshalb zu den Beduinen in die Wüste, um deren Sprache zu studieren, die noch nicht solche Interferenzen aufwies wie die Sprache der multikulturellen Bevölkerung in den Städten.* Ab wann die altarabische Dichtung ein metrisches System annahm und ob dem eine schlichte Reimprosa vorausgegangen ist oder ob beides eventuell auch in Mischformen nebeneinander existierte, lässt sich heute nicht mehr nachvollziehen.

Die Verse wurden zunächst mündlich, ab dem 8. Jh. n. Chr. mehr und mehr schriftlich tradiert. Immerhin weisen die überlieferten Gedichte eine feste Struktur auf. Bezeichnet werden sie allgemein als Kasside (قَصِيدَة qaṣīda). Spezifische Begriffe sind: Muᶜallaqa, Qiṭᶜa, Diwan, Ghasele.

Arab.	Umschrift	Deutsch	Definition
مُعَلَّقة	muᶜallaqa, Pl. muᶜallaqāt	Muᶜallaqāt („Aufgehängte“, „Wertvolle“)	berühmte Kassidensammlung von 7 altarabischen Dichtern, erstmals zusammengestellt von ar-Rāwiya (gest. 771) und im 19. Jh. von F. Rückert ins Deutsche übersetzt
قِطْعَة	qiṭᶜa	Qiṭᶜa („Stück“)	Gedichtform, die sich meist auf ein einziges Thema konzentriert und kürzer als die Kasside ist
دِيوَان	dīwān	Diwan (< arab. < persisch „Sammlung“)	Sammlung von Gedichten eines Autors oder mehrerer Autoren
غَزَل	ġazal	Ghasel(e) („Liebesworte“)	im 7. Jh. aufgekommenes, zur Vertonung bestimmtes Liebesgedicht mit einheitlichem Metrum (meist 5-15 Doppelverse, Reimschema aa, ba, ca usw.), oft mit narrativen Elementen

Eine **Kasside** besteht aus zweiteiligen Versen (altarabische Kassiden: 50-120 Verse). Der 2. Halbvers reimt sich immer auf denselben Laut, einen vokalisierten oder nicht vokalisierten Konsonanten, nach dem Reimschema: aa, ba, ca usw. (Monoreim). Kassiden werden bisweilen nach ihrem Reimlaut (رَوِي rawīy) benannt, z. B. Alfīya, Lāmīya usw.

Typisch ist die Selbstständigkeit der einzelnen Verse. Wenn die Überlieferung unvollständig oder ungeordnet erfolgte oder wenn, wie bisweilen, nur einzelne Verse zitiert werden und dadurch einer oder mehrere Verse entfallen oder sich deren Reihenfolge stellenweise verändert, wird das Gedichtganze dennoch nicht zerstört, und auch der Einzelvers gilt herausgelöst als ästhetisch wertvoll. Es ist möglich, weil das Reimschema nicht variiert und weil die Aussage aufgrund thematischer Stereotype und etlicher inhaltlicher Wiederholungen dennoch verständlich ist.

Inhaltlich gliedert sich die klassische Kasside in drei Hauptteile:

Arab.	**Umschrift**	**Bedeutung**	**Motive**
نَسِيب	nasīb	Liebeserinnerung / erotische Einleitung	verlassener Lagerplatz, unerwartete Trennung, Trugbild der Geliebten
رَحِيل bzw. وَصْفُ الجَمَل	raḥīl bzw. waṣf al-ǧamal	Wüstenritt (Kamel- bzw. Reisebeschreibung)	Lob des eigenen Kamels (körperliche Vorzüge, ruhmreiches Verhalten)
فَخْر bzw. مُفَاخَرَة	faḫr bzw. mufāḫara	Selbstlob bzw. Zweck des Gedichts	Beschreibung eigener Vorzüge (manchmal verbunden mit Schmähung von Gegnern)

Berühmt sind besonders die Liebeserinnerungen geworden mit dem häufigen Motiv البُكَاءُ عَلَى الأَطْلَالِ (al-bukā´ ᶜalā ´l-aṭlāl, „Weinen an der verlassenen Lagerstätte“).
Meist geht es hier um folgende Themen:

a) Nennung des Ortes
b) Suche nach der Geliebten

c) Beschreibung der Spuren im Sand (Alter, Witterungseinflüsse)
d) menschenleere Wüste, wo nur Tiere existieren (oft Gazellen, die an die verschwundenen Frauen erinnern)
e) Weinen über den Verlust der Geliebten
f) Beschreibung der Geliebten

Diese Motive finden sich in den folgenden Versen aus der Mu[c]allaqa des IMRU' AL-QAIS (6. Jh.) in einer Übersetzung von F. Rückert (Verse 3 und 4 von der Verfasserin):

1 قِفَا نَبْكِ مِنْ ذِكْرَى حَبِيبٍ وَمَنْزِلِ

Laßt hier zum Angedenken mich weinen einer Buhl',

بِسِقْطِ اللِّوَى بَينَ الدَّخُولِ فَحَوْمَلِ

Am sand'gen Abhang zwischen Haumal und Aldachul,

2 فتوضح فالمِقْرَاة لَم يَعفُ رَسْمُهاَ

Zwischen Mikrat und Tudech: noch unverwischt ist dort

لما نَسَجَتْها من جَنُوبٍ وشمالِ

Die Wohnspur, ob darüber schon fegte Süd und Nord.

3 ترى بَعَرَ الأرْآمِ في عَرَصاتِها

Sieh nur die Gazellenlosung liegen ringsumher

وقيعانها كأنهُ حبٌّ فُلفُلِ

Über den Sand verstreut wie Pfefferkörner kreuz und quer.

4 كأني غَداةَ البَيْنِ يَوْمَ تَحمَلّوا

Am Morgen der Trennung so bitter erscheint es mir,

لدى سَمُراتِ الحَيّ ناقِفُ حنظلِ

Als stünd' ich inmitten lauter Teufelsäpfeln hier.

5 وُقوفاً بها صَحْبي عَليَّ مَطِيَّهُمْ

Da hielten die Gefährten bei mir die Zügel an,

يقُولون لا تهلكْ أسى ً وتجمّل

Und sprachen: O vergeh nicht vor Kummer! sei ein Mann!

6 وإنَّ شفائي عبرةٌ مهراقةٌ

Die Thräne, welche rinnet, allein ist Heilung mir.

فهلْ عند رَسمٍ دارِسٍ من مُعوَّلِ

Doch auf zerfall'nen Trümmern was hilft das Weinen dir?

7 كدأبكَ من أمِّ الحويرثِ قبلها

Einst mit Umm el Huweirith übtest du gleichen Brauch,

وجارتها أمَّ الربابِ بمأسل

Mit ihrer Nachb'rin Umm el Rebab in Masal auch.

8 إِذَا قَامَتا تَضَوَّعَ المِسْكُ مِنْهُمَ

Da, wo sie sich erhuben, da wehte Moschusduft

نَسِيمَ الْصّبَا جَاءَتْ بِرَيَّا الْقَرَنْفُلِ

Als ob Gewürzenelken geküßt die Morgenluft.

9 فَفاضَت دُموعُ العَينِ مِنّي صَبابَةً

Liebesthränen Meng' Und meine Augen gossen der

عَلى النَحرِ حَتّى بَلَّ دَمعِيَ مِحمَلي

Auf's Halsbein, bis beflossen war selbst mein Wehrgehäng.

Kontroll- und Vertiefungsaufgaben:

a) Bestimmen Sie in den oben stehenden Versen von IMRU' AL-QAIS den Reimlaut und die inhaltlichen Elemente der Liebeserinnerung!
b) Welche realistischen und präzisen Beschreibungen enthalten die Verse?

4. Die Metrik

Metrik (< *griech.* μετρικος metrikos, *wörtlich*: „aus dem Meter“) umfasst

- sowohl die rhetorisch-stilistischen Einzelerscheinungen des Verses wie Lautwiederholungen, z. B. in der Form des Reims,
- als auch quantitativ und eventuell qualitativ geordnete Silbenfolgen (Metrum).

Man unterscheidet

a) akzentuierende Metrik,
z. B. deutsche Dichtung:
- betonte Silben

  Es schlúg mein Hérz, geschwínd zu Pférde!
  (Goethe: Willkommen und Abschied)

- Takte

  Hát der álte Héxenméister
  (Goethe: Der Zauberlehrling)

b) quantitierende Metrik,
z. B. griechische und lateinische Dichtung:
- Silbenlänge
- Anzahl der Silben

Die arabischen Metren hängen von der Vokalisierung ab:

قِفَـا نَـبْـكِ
O I O I O O

O: bewegter (vokalisierter) Konsonant حَرْف مُتَحَرِّك
I: ruhender (unvokalisierter) Konsonant حَرْف سَاكِن

Der Rhythmus entsteht durch Reim und Metrum. Beide bleiben innerhalb eines Gedichtes gleich.
(> 3. Sprache und Struktur der altarabischen Dichtung)

Die Termini technici der Metrik stammen teilweise aus der beduinischen Lebenswelt:

Arabisch	Umschrift	Bedeutung
عِلْمُ العَرُوض	ᶜilm al-ᶜarūḍ	Metrik
قَافِيَة	qāfiya (< qafan, „Nacken“; „Rückseite“)	Reim
وَزْن Pl. أَوْزَان	wazn Pl. auzān („Gewicht“; „Maß“)	Versmaß (die regelmäßige Wiederkehr eines gleichen Rhythmus im Vers)
جُزْء Pl. أَجْزَاء	ǧuz' Pl. aǧzā' („Teil“)	Versfuß (die einzelnen wiederholten Teile, aus denen das Versmaß besteht)
بَحْر Pl. بُحُور	baḥr Pl. buḥūr („Strom“)	Metrum
وَتِد Pl. أَوْتَاد	watid Pl. autād („[Zelt-]Pflock“)	kurze Silbe, z. B. ba
سَبَب Pl. أَسْبَاب	sabab Pl. asbāb („[Zelt-]Strick“)	lange Silbe, z. B. bā
بَيْت Pl. أَبْيَات	bait („Vers“ < „Zelt“ Pl. بُيُوت)	Vers
شَطْر	šaṭr („Hälfte“)	Halbvers
مِصْرَاع	miṣrāᶜ („halbe Zeltöffnung“, „Türflügel“)	1. Halbvers

عَجُزُ الْبَيْتِ	ᶜağuz al-bait („Zeltrückseite“)	2. Halbvers
عَرُوض	ᶜarūḍ (Etymologie umstritten)	letzter Versfuß im 1. Halbvers
ضَرْب Pl. ضُرُوب	ḍarb, Pl. ḍurūb (Etymologie umstritten)	letzter Versfuß im 2. Halbvers

Es gibt acht Versfüße bzw. einfache Versmaße, von denen Mutawaffir nicht benutzt wird und deshalb vernachlässigbar (مُهْمَل muhmal) ist:

Arabisch	**Umschrift**	**Modellstruktur**	**Wiederholungen**
مُتَقَارِب	mutaqārib	فَعُولُنْ	8
مُتَدَارِك	mutadārik	فَاعِلُنْ	8
هَزَج	hazağ	مَفَاعِيلُنْ	6
رَجَز	rağaz	مُسْتَفْعِلُنْ	6
رَمَل	ramal	فَاعِلَاتُنْ	6
وَافِر	wāfir	مُفَاعَلَتُنْ	6
كَامِل	kāmil	مُتَفَاعِلُنْ	6
(مُتَوَفِّر)	(mutawaffir)	(فَاعِلَاتُكَ)	(6)

Der älteste Versfuß soll der Rağaz sein. Er kommt besonders bei kürzeren Kassiden vor, aber auch bei den längeren Lehrgedichten.

Die einfachen Versfüße (بَسِيط basīṭ) werden in zusammengesetzten Versmaßen (مُرَكَّب murakkab) miteinander kombiniert (in Klammern ungebräuchliche Versmaße):

Arabisch	**Umschrift**	**Modellstruktur**	**Wiederholungen**
طَوِيل	ṭawīl	فَعُولُنْ مَفَاعِيلُنْ	4
(مُسْتَطِيل)	(mustaṭīl)	مَفَاعِيلُنْ فَعُولُنْ	4
مَدِيد	madīd	فَاعِلَاتُنْ فَاعِلُنْ	4
بَسِيط	basīṭ	مُسْتَفْعِلُنْ فَاعِلُنْ	4
(مُمْتَدّ)	(mumtadd)	فَاعِلُنْ فَاعِلَاتُنْ	4
(مُنْسَرِد)	(munsarid)	مَفَاعِيلُنْ مَفَاعِيلُنْ فَاعِلَاتُنْ	2
مُضَارِع	muḍāri^c	مَفَاعِيلُنْ فَاعِلَاتُنْ مَفَاعِيلُنْ	2
(مُطَّرِد)	(muṭṭarid)	فَاعِلَاتُنْ مَفَاعِيلُنْ مَفَاعِيلُنْ	2
سَرِيع	sarī^c	مُسْتَفْعِلُنْ مُسْتَفْعِلُنْ مَفْعُولَاتُ	2
مُنْسَرِح	munsariḥ	مُسْتَفْعِلُنْ مَفْعُولَاتُ مُسْتَفْعِلُنْ	2
مُقْتَضَب	muqtaḍab	مَفْعُولَاتُ مُسْتَفْعِلُنْ مُسْتَفْعِلُنْ	2

(مُتَّئِد)	(mutta'id)	فَاعِلَاتُنْ فَاعِلَاتُنْ مُسْتَفْعِلُنْ	2
خَفِيف	ḫafīf	فَاعِلَاتُنْ مُسْتَفْعِلُنْ فَاعِلَاتُنْ	2
مُجْتَثّ	muǧtaṯṯ	مُسْتَفْعِلُنْ فَاعِلَاتُنْ فَاعِلَاتُنْ	2

Die erste bekannte theoretische Beschreibung der arabischen Metrik stammt von al-Ḫalīl b. Aḥmad al-Farāhīdī (gest. 776 oder 786 oder 791 Irak). Er definierte 15 Idealmetren aus wechselnder Wiederholung der 8 Versfüße, die sein Schüler Sa^{c}īd b. Mas^{c}ada al-Aḫfaš al-Ausaṭ (gest. 830 oder 836) unter Hinzufügung eines 16. Versmaßes in seinem „Metrik-Buch" (كِتَابُ العَرُوضِ Kitāb al-^{c}arūḍ) festhielt.

Das am meisten gebrauchte der zusammengesetzten Versmaße ist der Ṭawīl. Das ist auch das Versmaß der Mu^{c}allaqa des IMRU' AL-QAIS. Es hat die Modellstruktur:

فَعُولُنْ مَفَاعِيلُنْ (von rechts nach links: IOIOIOOIOIOO)

In diesem, aber auch in anderen Versmaßen kombinierte man z. B. die beiden arabischen Wörter für „Ja" (نَعَم na^{c}am) und „Nein" (لا lā), um schon bei Kindern einen Sinn für Metrik zu schulen:

na^{c}am lā na^{c}am lā lā na^{c}am lā na^{c}am lā lā   نَعَمْ لَاْ نَعَمْ لَاْ لَاْ نَعَمْ لَاْ نَعَمْ لَاْ لَاْ
(IOIOIOOIOIOO)

Kontroll- und Vertiefungsaufgaben:

a) Wodurch wird eine Kasside rhythmisch?
b) Wenden Sie die Modellstruktur des Ṭawīl auf die im Kapitel 3 zitierten Verse von IMRU' AL-QAIS an!

5. Themen der Dichtung in der Ǧāhilīya

Die altarabische Dichtung ist eine wichtige Quelle, um die Lebensweise auf der Arabischen Halbinsel im 5. und 6. Jh. zu rekonstruieren. So beschreiben die Dichter oftmals sehr detailliert **Gebrauchsgegenstände** wie Kleidung, Schmuck, Kochgeräte, Speisen und besonders Sättel und Waffen.

Ebenso finden sich **Naturschilderungen**, vor allem Aussehen und Stimmungen der Wüste, aber auch Dutzende von **Tierarten** werden beschrieben, am häufigsten Kamel, Pferd, Fuchs, Wolf, Gazelle, Schlange und Adler, häufig im Zusammenhang mit Jagdabenteuern oder auch Stammeskämpfen. Über andere damals ebenfalls wichtige Themen wie Religion, Handel, Familienleben erfährt man in der überlieferten Dichtung so gut wie nichts.

Hier ein Ausschnitt aus der Mu^{c}allaqa des ṬARAFA (gest. 564 oder 569) mit der berühmten Kamelbeschreibung, übersetzt von Friedrich Rückert:

وأَتْلَـعُ **نَهَّـاضٌ** إِذَا صَعَّدَتْ بِـهِ   كَسُكَّـانِ بُوصِيٍّ بِدَجْلَةَ مُصْعِـدِ

Der **Hals** ist aufgerichtet wie eines Fahrzeugs Mast, das aufwärts trägt im Strome des Tigris seine Last,

و**جُمْجُمَـةٌ** مِثْلُ العَـلاةِ كَأَنَّمَـا   وَعَى المُلْتَقَى مِنْهَا إِلَى حَرْفِ مِبْرَدِ

Der **Schädel** ist ein Amboß, an welchem ein Gewind von scharfen Nähten, ähnlich der Säge Zacken, sind.

وَ**خَدٌّ** كَقِرْطَاسِ الشَّآمِي و**مِشْفَـرٌ**   كَسِبْـتِ اليَمَانِي قَدُّهُ لَمْ يُجَـرَّدِ

Die **Backen** sind wie syrisch Papier, der **Lippen** Schnitt Jemanisch Leder, dessen Zuschneider fehl nicht glitt.

و**عَيْنَـانِ** كَالمَاوِيَّتَيْـنِ اسْتَكَنَّتَـا   بِكَهْفَيْ حِجَاجَيْ صَخْرَةٍ قَلْتِ مَوْرِدِ

Zwei **Augen** wie zwei Spiegel, geschirmt in einer Bucht gehöhlter Knochenfelsen, wie Wasser einer Schlucht,

طَحُـورَانِ عُوَّارَ القَذَى فَتَرَاهُمَـا   كَمَكْحُـولَتَيْ مَذْعُورَةٍ أُمِّ فَرْقَـدِ

die ein unsaubres Stäubchen ausstoßen; jedes blickt schwarz gleich der Antilope, die für ihr Kalb erschrickt.

وصَادِقَتَا سَمْعِ التَّوَجُّسِ للسُّـرَى   لِهَجْـسٍ خَفيٍّ أَوْ لِصَوْتٍ مُنَـدَّدِ

Zwei **Ohren**, zu erlauschen auf nächtgem Reisegang ein heimliches Geflüster wie einen lauten Klang.

Individuelle **körperliche Merkmale** von Menschen spielen nur bei Frauenbeschreibungen eine Rolle, wobei hier auch in starkem Maße stereotype Vorstellungen dominieren. Die ideale Geliebte hatte folgendes Aussehen:

Gesicht	oval
Augen	klares Weiß
Nase	regelmäßig
Hals	lang
Taille	schlank mit ausladenden Hüften
Füße	elegant

Charakterliche Vorzüge der Frauen waren Großzügigkeit und eine zurückhaltende Art. Außerdem mussten die besungenen Geliebten immer von nobler Herkunft sein. Männer wurden gepriesen, wenn sie die Ideale der Beduinen verinnerlicht hatten wie Gastfreundschaft, Freigebigkeit, Tapferkeit, Selbstbeherrschung, Klugheit und Ausdauer. Manche prahlten auch mit ihrer Trinkfestigkeit und ihren Verführungskünsten. Wenn das Seelenleben der Dichter beschrieben wurde, waren wichtige Themen neben dem Trennungsschmerz durch den Verlust der Geliebten das Selbstlob, daneben auch Rachegedanken, die Auseinandersetzung mit dem Tod und Lebensweisheiten.

Während die klassischen Kassiden trotz der relativ starren inhaltlichen Konzentration auf die drei Hauptthemen Liebe, Kamelbeschreibungen und (Eigen-)Lob bzw. Schmähung dennoch etliche Abstecher in andere Themenbereiche zuließen, beschränkte sich der eigenständige Gedichttyp der **Marṯiya** (مَرْثِيَة ج مَرَاثٍ marṯiya, Pl. marāṯin) auf eine andere wichtige Thematik, nämlich die Trauer um die Verstorbenen. Verfasst wurden diese Gedichte von Frauen, die damit auch öffentlich auftraten. Sie verkündeten darin den Tod der zumeist im Kampf gefallenen Brüder, Söhne oder anderer Angehöriger (nicht der eigenen Ehemänner), lobten deren Tapferkeit und ähnliche Ideale, riefen zur Blutrache auf und trösteten damit, dass es anderen ähnlich ergehe. Die Sprache dieser Gedichte ist relativ einförmig und reich an Wiederholungen. Meist liegt das Metrum Rağaz zugrunde. (> 8. Al-Ḫansā')

Kontroll- und Vertiefungsaufgaben:

a) Aus welchen Bereichen stammen die Sprachbilder in der Kamelbeschreibung des ṬARAFA?
b) Vergleichen Sie das Schönheitsideal der altarabischen Dichter mit demjenigen in islamischer Zeit!
c) Veränderte der Islam wesentlich die Moralvorstellungen der altarabischen Beduinen?

6. Berühmte vorislamische Dichter

Am bekanntesten wurden die sieben Verfasser der Mu^{c}allaqāt (> 3. Sprache und Struktur der altarabischen Dichtung). Auch hier gibt es verschiedene Überlieferungen, wer zu diesen Dichtern gehörte.

Hier die Auffassung von Abū Ǧa^{c}far an-Naḥḥās (gest. 949 in Kairo):

IMRU' AL-QAIS *(gest. um 550): Er war ein Dichter aus dem Nedschd. Als Sohn des Ḥuǧr al-Kindī, des letzten Königs der aus dem Jemen eingewanderten Kinda, frönte er der Jagd, dem Wein und dem Gesang. Von seinem Vater wurde er wegen seines leichtsinnigen Lebens verstoßen und hatte dadurch Kontakte zu den „Räuberdichtern"* (> 7. Imru' al-Qais)

Abū ^{c}Aqīl ***LABĪD*** *b. Rabī^{c}a al-^{c}Āmirī (gest. um 661 in Al-Kūfa): Er war ein Dichter aus dem Nedschd und preist in seinen Kassiden Edelmut, Gastfreundschaft und Tapferkeit. Außerdem enthalten seine Verse bissigen Spott, scharfe Satire, Trauer, weise Lebenserfahrung, moralische Erbauung. Er nahm den Islam an, ging zuerst nach Medina und lebte dann bis zu seinem Tod in Al-Kūfa.*

ṬARAFA *b. ^{c}Amr b. al-^{c}Abd b. Sufyān (gest. 564 oder 569): Er war ein Naturdichter aus der Yamāma. In seiner Mu^{c}allaqa beklagt er Geiz sowie die Unterdrückung durch missgünstige Stammesangehörige und gibt seine berühmte Schilderung der Kamelstute.* (> 5. Themen der Dichtung in der Ǧāhilīya)

ZUHAIR *b. Abī Sulmā (gest. Anfang 7. Jh.): Er gehörte zum Stamm Muzaina und verfasste Liebes-, Schmäh- und Lobgedichte, auch Kassiden mit Lebensweisheiten. Seine Mu^{c}allaqa war berühmt wegen ihres Aufrufes zum Frieden. Sie entstand anlässlich der Beendigung einer langjährigen Feind-*

schaft von zwei Beduinenstämmen. Es finden sich unter anderem Beschreibungen von Überfällen.

***ᶜANTARA** b. Šaddād al-ᶜAbsī (gest. zwischen 600 und 615, angeblich 150 Jahre alt): Er stammte aus dem Nedschd und gehörte zu den „Raben der Araber" (أَغْرِبة aġriba), denn er hatte eine schwarze Hautfarbe (Mutter Abessinierin). In seinen Dichtungen schildert er seine Liebe zu seiner weißen Cousine ᶜAbla. Erst durch seine Heldentaten (z. B. im Dāḥis-Krieg) konnte er als Schwarzer die Gunst der weißen Herrscherschicht erringen. Wichtiges Ideal bei ihm ist Männlichkeit (مُرُوءة murū'a). Sie umfasst Tapferkeit, Mut, Unabhängigkeit, Enthaltsamkeit, Hilfsbereitschaft, Nachsicht, Ehrlichkeit, das Freisein von Schwäche, aber auch von Gewalttätigkeit.*

***ᶜAMR B. KULṮŪM** b. Mālik b. ᶜAttāb Abū 'l-Aswad at-Taġlibī (gest. um 584): Er war Dichter und Stammesführer der Ǧušam, eines Stammes der als besonders tapfer geltenden Taġlib. In seiner Muᶜallaqa beschreibt er die Kämpfe der Stammesverbände Taġlib und Bakr in Südmesopotamien und verteidigt die Unabhängigkeit seines Stammes vom Lakhmidenkönig ᶜAmr b. Hind (regierte 554 - 570 in Al-Ḥīra), den er später aus Rache für eine Beleidigung getötet haben soll.*

***AL-ḤĀRIṮ B. ḤILLIZA** al-Yaškurī (gest. zwischen 570 und 580): Er war ein Dichter vom Stammesverband Bakr und Gegenspieler von ᶜAMR B. KULṮŪM, der die mit den Bakr verfeindeten Taġlib vertrat. Vor dem Lakhmidenkönig ᶜAmr b. Hind trat er leidenschaftlich für seinen Stamm ein. Seine Redegewandtheit und sein Stammesstolz machten ihn berühmt.*

Mitunter kam es vor, dass Dichter aus dem Stamm ausgeschlossen wurden, wenn sie die herrschende Moral verletzt hatten. Diese Männer lebten dann als sogenannte **„Räuberdichter"** (صُعْلُوك ج صَعَالِيك ṣuᶜlūk Pl. ṣaᶜālīk) meist in Gemeinschaft mit anderen Verstoßenen. Ihre Gedichte enthalten deshalb kein Lob auf ihren Stamm, sondern rühmen die eigene Unabhängigkeit und Kraft, die sie zum Überleben in der unwirtlichen Umgebung brauchen. Sie prahlen sogar mit ihrer Armut und körperlichen Verwahrlosung. Ihre Verbündeten sind wilde Tiere und Dämonen. Von Zeit zu Zeit kamen diese einsam lebenden Dichter auf ihren Wanderungen in Oasen, wo sie ihre Gedichte zu Gehör brachten. Ein bekannter Anführer der Räuberdichter war ᶜURWA B. AL-WARD (gest. 596), der als Dieb für die Armen gepriesen wird. Bis heute berühmt sind besonders Ṯābit b. Ǧābir al-Fahmī, genannt TA'ABBAṬA ŠARRAN (gest. um 530 oder später), und Ṯābit b. Aus al-Azdī, genannt AŠ-ŠANFARĀ (gest. um 525 oder 550), obwohl die Echtheit ihrer überlieferten Gedichte umstritten ist.

Auch **Frauen** dichteten, insbesondere Traueroden (> 8. Al-Ḫansā'), Liebesgedichte sowie Schmähgedichte, sogar auf ihre Ehemänner. Zwar sind ihre Verse, aber kaum biografische Angaben überliefert.

Kontroll- und Vertiefungsaufgaben:

a) Wie waren die Dichter in altarabischer Zeit gesellschaftlich wirksam?
b) Inwiefern geben die Gedichte Auskunft über die materielle Kultur, die im 5. und 6. Jh. n. Chr. das Leben auf der Arabischen Halbinsel bestimmte?

7. Imru' al-Qais

IMRU' AL-QAIS (geb. um 500) gehört zu den beliebtesten Dichtern, deren Verse bis heute als arabisches Kulturerbe hoch geschätzt werden. Er wird nicht nur in Schulbüchern zitiert, sondern auch Künstler der Gegenwart nehmen immer wieder Bezug auf seine Poesie und sein sagenumwobenes Leben. Z. B. dreht sich eine Kurzgeschichte des zeitgenössischen irakischen Autors ᶜAbd ar-Raḥmān Maǧīd ar-Rubaiᶜī um diesen als Inbegriff von Männlichkeit und Unabhängigkeit verehrten Poeten, der einem kleinen, unzufriedenen Beamten in Bagdad gegenübergestellt wird.[2] Auch der palästinensische Dichter MAḤMŪD DARWĪŠ zeigt in seinem Gedicht „Wir sind nach Aden gereist" die Diskrepanz zwischen der finsteren Gegenwart und der glorreichen, im Nachhinein verherrlichten Vergangenheit, vertreten durch IMRU' AL-QAIS.[3]

Entsprechend den langen arabischen Namensketten wird er auch folgendermaßen genannt:

- eigene Namen: **ᶜAdī** oder **Mulaika** oder **Ḥunduǧ**,
- bekanntester Beiname: **al-Malik aḍ-Ḍillīl** („Verirrter König"),
- nach seinen Söhnen („Vater von ..."): **Abū ´l-Ḥāriṯ**, **Abū Wahb** und **Abū Zaid**.

---

[2] ثرثرة على مائدة الملك الضليل dt. Ein König auf Abwegen. In: Al-Rubaie, Abdulrahman Majid: Solange die Sonne noch scheint. Erzählungen (Arabisch und Deutsch). Aus dem Arabischen übertragen von Kristina Stock und Andreas Krenz. Berlin: Edition Orient 2004, S. 114-186.

[3] ذهبنا إلى عدن dt. Wir sind nach Aden gereist. In: Darwisch, Mahmud: Weniger Rosen. Gedichte (Arabisch - deutsch). Aus dem Arabischen übersetzt von Khalid Al-Maaly und Heribert Becker. 1. Aufl. Berlin: Das Arabische Buch 1996, S. 49.

Sein Abstammungsname b. Ḥuǧr al-Kindī deutet darauf hin, dass er der Sohn des Ḥuǧr b. al-Ḥāriṯ al-Kindī, des letzten Königs der aus dem Jemen eingewanderten Kinda, war. Sein Onkel mütterlicherseits, al-Muhalhil, soll die Form der klassischen Kasside begründet haben.

Die Epoche der berühmten altarabischen Dichter war von Stammeskämpfen und Kriegen mit Invasoren aus Afrika und Persien gezeichnet. Wie schon die Römer verfolgten auch die Perser und die Abessinier wirtschaftliche Interessen in Südarabien, durch das mehrere Handelsrouten verliefen. Die Angehörigen der Kinda, des Stammes von IMRU' AL-QAIS, lieferten sich Schlachten mit den Banū Asad. *Dabei soll um 525 König Ḥuǧr den Tod gefunden haben. IMRU' AL-QAIS wurde möglicherweise als Rächer bestimmt, obwohl er zuvor schon von seinem Vater wegen seines leichtsinnigen Lebens verstoßen worden sein soll.* In dieses Geschehen ist der viel zitierte Ausspruch des Dichters einzuordnen:

ضيّعني صغيراً وحمّلني دمه كبيراً. لاصَحْو اليَوم ولا سكر غداً.
اليوم خمرٌ وغداً أمرٌ.

Verstoßen ward ich noch ganz klein, soll ich jetzt sein Rächer sein. Heute nicht klar und morgen nicht trunken, heute ein Zecher und morgen ein Rächer.

Die Berichte über IMRU' AL-QAIS' Tod reichen von natürlichen Ursachen wie einer Pockenerkrankung bis hin zu Verschwörungsgeschichten wie einem Giftanschlag durch Kaiser Justinian von Konstantinopel um das Jahr 540. Es gibt aber auch Angaben mit dem Todesjahr 550 und 565.
Die IMRU' AL-QAIS zugeschriebene Muᶜallaqa enthält etliche Ereignisse, die durchaus autobiographische Züge tragen könnten, wie die Beschreibung eines Liebesabenteuers an einer

Wasserstelle in der Ebene Dāra Ğulğul, übersetzt von Friedrich Rückert:

أَلاَ رُبَّ يَوْمٍ لَكَ مِنْهُنَّ صَالِحٍ
وَلاَ سِيَّمَا يَوْمٌ بِدَارَةِ جُلْجُلِ

Erlebt' ich doch von ihnen vergnügte Tage gnug;
Voraus, bei Dara Dschuldschul, was dort der Tag mir trug.

وَيَوْمَ عَقَرْتُ لِلْعَذَارَي مَطِيَّتِي
فَيَا عَجَباً مِنْ كورها الْمُتَحَمَّلِ

Da schlachtet' ich den Mädchen das Thier, auf dem ich ritt;
Und mein Gepäcke nahmen sie auf den ihren mit;

فَظَلَّ الْعَذَارَى يَرْتَمِيْنَ بِلَحْمِهَا
وشَحْمٍ كَهُدَّابِ الدِّمَقْسِ الْمُفَتَّلِ

Wo sie die Stücke Fleisches sich warfen zu und fingen,
Woran des Fettes Troddeln wie Seidenfransen hingen.

وَيَوْمَ دَخَلْتُ الْخِدْرَ خِدْرَ عُنَيْزَةٍ
فَقَالَتْ: لَكَ الْوَيْلاَتُ!،إنَّكَ مُرْجِلِي

Da drängt' ich in die Sänfte Oneisa's mich hinein;
Sie rief: Willst du hinunter mich werfen? O halt ein!

تَقُولُ وقَدْ مَالَ الْغَبِيْطُ بِنَا مَعاً:
عَقَرْتَ بَعِيْرِي يَا امْرأَ الْقَيْسِ فَانْزِلِ

Sie rief, als das Gestelle mit uns sich niedergab:
Du wirst mein Reitthier schinden, o Amrilkais, steig ab!

فَقُلْتُ لَهَا: سِيْرِي وأَرْخِي زِمَامَه
ولاَ تُبْعِدِيْنِي مِنْ جَنَاكِ الْمُعَلَّلِ

Ich sprach zu ihr: O reite nur zu, laß ihm den Zaum!
Und wehr mir nicht, zu pflücken die Frucht an deinem Baum!

Kontroll- und Vertiefungsaufgaben:

a) Welche Stämme nomadisierten im 6. Jh. n. Chr. auf der Arabischen Halbinsel?
b) Mit welchen Religionen muss IMRU' AL-QAIS auf seinen Wanderungen konfrontiert gewesen sein?
c) Welche gesellschaftlichen Folgen hatten die Einfälle afrikanischer Christen aus Abessinien?

8. Al-Ḫansā'

Über die berühmte Dichterin Al-ḪANSĀ liegen verschiedene Aussagen vor, die sich teilweise sogar widersprechen. Ihr eigentlicher Name war Tumāḍir bint ᶜAmr. *Der Beiname könnte darauf hinweisen, dass sie eine Stupsnase hatte oder mit einer Gazelle verglichen wurde. Sie soll vor 610 (möglicherweise um 575) geboren und zwischen 634 und 644 gestorben sein.*

Aus einer angesehenen Familie im Nedschd stammend, trat sie mit ihren Trauerdichtungen, den Marāṯī (مَرَاثٍ, Pl. von Marṯiya مَرْثِيَة), öffentlich auf dem Markt von ᶜUkāẓ bei Mekka auf. Darin beklagte sie den Tod ihres in einem Stammeskrieg umgekommenen Bruders Muᶜāwiya. Ein weiterer Bruder, Ṣaḫr, sollte dessen Tod rächen, erlag aber später seinen dabei erlittenen Verletzungen. Auch auf ihn verfasste sie Trauerverse. *Sie soll mindestens einmal verheiratet gewesen sein und vier Söhne und eine Tochter gehabt haben.*

629 begegnete sie dem Propheten. Die meisten Überlieferungen berichten davon, dass sie von der islamischen Lehre und von der besonderen Sprache des Korans zutiefst beeindruckt gewesen sei. Sie habe den Islam angenommen und auch in der Schlacht von Al-Qādisīya 636 mitgekämpft, wo die Araber den Perserkönig Yazdegerd III. besiegten und dadurch Mesopotamien einnehmen und bis an die Grenzen Indiens vordringen konnten.

Nachdem in den Kämpfen zur Verbreitung des Islams AL-ḪANSĀ's vier Söhne gefallen waren, soll die Dichterin den noch heute oft zitierten Satz gesagt haben:

الْحَمْدُ للهِ الَّذِي شَرَّفَنِي بِقَتْلِهِم
وَأَرْجُو مِنْ رَبِّي أَنْ يَجْمَعَنِي بِهِمْ فِي مُسْتَقَرِّ رَحْمَتِهِ.

Preis sei Gott, dass er mir diese Ehre gab.
Ich bitte den Herrn, mich mit ihnen in seiner unendlichen Barmherzigkeit zu vereinen.

Dennoch sind kaum Trauerlieder über ihre Söhne überliefert, *denn um sie habe sie nicht so getrauert wie um ihre Brüder, die noch keine Muslime waren und nach islamischem Glauben deshalb nicht wie ihre Söhne ins Paradies kommen konnten.*

Ein typisches Trauergedicht ist die Marṯiya, in der AL-ḪANSĀ‘ ihren Bruder Ṣaḫr beweint, übersetzt von Khalid Al-Maaly und Heribert Becker:

قَذىً بِعَينِكِ أَم بِالعَينِ عُوّارُ   أَم ذَرَفَت إِذ خَلَت مِن أَهلِها الدارُ

Hast du ein Staubkorn im Auge? Tut es dir weh oder tränt es, weil das Haus verwaist ist?

كَأنَّ عَينِي لِذِكرَاهُ إِذَا خَطَرَ   فَيْضٌ يَسِيلُ عَلَى الخَدَّينِ مِدرارُ

Denk‘ ich an ihn, strömen Tränen aus meinen Augen und überfluten meine Wangen.

[...]

وَإِنَّ صَخراً لَوالِينا وَسَيِّدُنا   وَإِنَّ صَخراً إِذا نَشتو لَنَحّارُ

Und Sakhr war’s, unser Herr und Beschützer, der, wenn’s Winter wurde, sehr freigiebig war.

وَإِنَّ صَخراً لَمِقدامٌ إِذا رَكِبوا   وَإِنَّ صَخراً إِذا جاعوا لَعَقّارُ

Tapfer war Sakhr, wenn sie zum Kampfe aufbrachen, und hungerten sie, dann schlachtete er Tiere für sie.

وَإِنَّ صَخراً لَتَأتَمَّ الهُداةُ بِهِ   كَأَنَّهُ عَلَمٌ في رَأسِهِ نارُ

Und Sakhr war’s auch, der den Führern ein Wegweiser war, einem Berge gleich, auf dessen Gipfel Feuer brennt.

Heute ist die Erinnerung an AL-ḪANSĀʾ und ihre Gedichte in den arabischen Medien immer wieder präsent, so z. B. in Fernsehsendungen oder auf Internetseiten.

Kontroll- und Vertiefungsaufgaben:

a) Warum ist AL-ḪANSĀʾ bis heute bei literarisch interessierten Arabern populär?
b) Warum dichteten üblicherweise Frauen und nicht Männer Traueroden?
c) Bestimmen Sie den Reimlaut der Marṯiya auf Ṣaḫr!
d) Wie entsteht Rhythmus in der Marṯiya auf Ṣaḫr?

9. Poesie und Islam

Wenn es in arabischen Lehrbüchern um die Schönheit der Sprache, meist in Form von rhetorischen Figuren, geht, werden zur beispielhaften Illustration nach wie vor sowohl Verse aus dem Koran als auch Verse von Dichtern aufgeführt. Lyrisches und koranisches Wort erscheinen hier offenbar problemlos Seite an Seite. Dennoch werden bis heute Diskussionen geführt, ob sich Dichtung und islamischer Glaube nicht konträr gegenüberstehen.

Während die islamische Sicht auf die Welt die Ratio betont, ist Lyrik eine Kunst, die stark von Emotionen und Fantasien lebt. Bei der Definition von Dichtung folgten die arabischen Theoretiker dennoch in der Regel nicht dem Resümee Platons, der Dichtung als Lüge abwertete, sondern begründeten ihre Ressentiments vielmehr mit der Gefahr der Verleumdung, die schlimmstenfalls sogar Stammeskriege nach sich ziehen konnte.

Möglicherweise hielt sich auch bis in frühislamische Zeit der Glaube, dass der Dichter seine Verse von Dämonen eingeflüstert bekam. Obwohl auch im Koran (Sure: الشُّعَرَاءُ aš-šuᶜarā', „Die Dichter“, 26:221-227) Dichter mit dem Satan in Verbindung gebracht und anscheinend als Lügner herabgewürdigt werden, relativiert die einflussreiche Koranexegese des aṭ-Ṭabarī (gest. 923) diese auf den ersten Blick rigorose und missverständliche Verurteilung der Dichter. Die Aussage beziehe sich vielmehr darauf, dass in der Dichtung die einen zu Unrecht gelobt und die anderen zu Unrecht geschmäht würden. In den überlieferten Aussprüchen des Propheten findet man tatsächlich solche, die Dichtung preisen:

إنَّ مِنَ البَيَانِ لَسِحْر وَإنَّ مِنَ الشّعْر لَحِكْمَةِ.

Wahrlich, zur Rede gehört Magie und zur Poesie Weisheit.

Eingeschränkt wird dieses Lob allerdings durch andere Überlieferungen, in denen die Dichtung abgelehnt wird, sobald sie ausschließlicher Lebensinhalt ist oder wenn die Moschee durch sie in einen vorislamischen Marktplatz mit den traditionellen Dichterwettbewerben umfunktioniert wird.
In diesem Sinne sagte man der Poesie auch eine stark emotionalisierende Wirkung nach. (> 10. Die Macht des Dichters) *Die Zuhörer konnten von ihr unter Umständen manipuliert und durch sie von frommen Handlungen, wie dem Gebet, abgehalten werden. Zudem entsprachen die Themen der weltlichen Dichtung nicht immer der neuen Ethik und Moral.*
Gelegentlich soll der Prophet dennoch Verse bekannter Dichter zitiert haben. Auch wird berichtet, dass er seine Frau ᶜĀʼiša und andere Redegewandte dazu aufgefordert haben soll, ihre Gedichte vorzutragen.
Außerdem gab es besonders zu Lebzeiten des Propheten und in den ersten Jahrzehnten nach seinem Tode sowie verstärkt wieder ab dem 11. Jh. **Preisgedichte** auf den Stifter des Islams. (> 17. Sufische Dichtung) Die Verfasser stießen im Allgemeinen nie auf religiöse Vorbehalte. Noch heute wird ḤASSĀN B. ṮĀBIT (gest. 659 oder später) rezipiert, der nach einer Zeit der Wanderschaft in seine Geburtsstadt Yaṯrib zurückkehrte, die inzwischen in die Stadt des Propheten, also Medina, umbenannt worden war. Dort nahm er den Islam an und propagierte in seinen Versen die neue Religion auch noch Jahre nach dem Tod des Propheten. Die nachfolgenden Verse zeigen eine besonders pathetische Darstellung des Propheten in einem kleinen Ausschnitt aus der Lobdichtung ḤASSĀN B. ṮĀBITs, die auch heute noch populär ist und von Sängern in modernen Vertonungen vorgetragen wird:

وأَحْسَنَ مِنْكَ لَم تَرَ قَطُّ عَينِي وَأجْمَل مِنْكَ لَمْ تَلِدِ النّسَاءُ

Nichts Bess‘res als dich erblickte je mein Aug‘,
nichts Schön‘res als dich gebar je eine Frau

خُلِقْتَ مُبَرَّءاً مِنْ كُلّ عَيبٍ كَأنَّكَ قَدْ خُلِقْتَ كَمَا تَشَاءُ

Erschaffen warst du ohne jeden Makel
auf dass dein Wille sich in dir erfülle

Offenbar wurde in frühislamischer Zeit Dichtung unter bestimmten Umständen sowohl abgelehnt als auch toleriert und sogar geschätzt. Abhängig waren die unterschiedlichen Bewertungen unter anderem von der jeweiligen Interpretation der Glaubensinhalte, von persönlichen Sympathien und Abneigungen, auch in Verbindung mit eigenen Moralvorstellungen, sowie von pragmatischen Verhaltensweisen und strategischen Denkweisen.

Der Ablösung der vorislamischen Kultur durch das islamisch geprägte Staatswesen mit der Propagierung von teilweise neuen moralischen Wertvorstellungen ging möglicherweise eine Zeit der Dekadenz voraus, die sich auch in der Dichtkunst niederschlug. Die religiös inspirierte Neuorientierung unter dem Propheten und den ihm folgenden rechtgeleiteten Kalifen begann erst unter den Umayyaden sichtbare Früchte zu tragen, sodass die frühislamische Kultur zwar auch ihre Poeten hatte, ihre Dichtung aber nicht zu solch historischem Ruhm gelangte wie später die brillante Poesie unter den Abbasiden.

Kontroll- und Vertiefungsaufgaben:

a) Inwiefern könnte das dichterische Erbe aus vorislamischer Zeit das Urteil des Propheten und seiner Gefährten über die Dichter beeinflusst haben?
b) Wie kann man bei spirituellen Meditationen die emotionalisierende Wirkung von Dichtung nutzen?
c) Nennen Sie Beispiele, die zeigen, dass man im Laufe der Geschichte religiös begründete Vorbehalte gegenüber Dichtern teilweise gänzlich aufgegeben, teilweise aber auch bewahrt hat!
d) Recherchieren Sie aktuelle Beispiele für Dichter, die wegen ihrer Verse auf Ablehnung durch religiöse Kreise gestoßen sind!

10. Die Macht des Dichters

Wenn von der Macht der Sprache oder von der Macht eines Dichters die Rede ist, geht es meistens um die Frage, ob man mit bloßen Worten andere emotionalisieren oder gar manipulieren kann. Dem altarabischen Dichter wurde seinerzeit solch eine **suggestive Gewalt** zugeschrieben. Genauso versuchte man später mit dem Einfluss von Poesie politische oder religiöse Ziele, aber auch persönliche Vorhaben wie Liebeswerbungen oder Karrierepläne durchzusetzen. Und auch heute noch werden arabische Poeten und ihre Worte vielfach derart verehrt, dass durchaus ein gewisses Machtpotenzial zu beobachten ist. Es schlägt sich nicht nur in Respektsbezeugungen nieder, sondern auch in stark emotionalisierenden Effekten, wodurch rationale Sichtweisen in den Hintergrund gedrängt werden und die Rezipienten anfälliger für Manipulationen werden. Diesen Mechanismus macht sich auch die arabische politische Rhetorik zunutze.

In der Ǧāhilīya wurden dem Dichter **magische Kräfte** nachgesagt. Man nahm an, dass er seine Inspirationen durch Dämonen, die Ǧinn, erhielt. Gefürchtet waren besonders **Schmähungen** (هِجَاء hiǧā') und Verwünschungen (سِهَامُ اللَّيْلِ sihām al-lail, „Pfeile der Nacht"). Über deren Folgen sind zahlreiche Anekdoten und Berichte überliefert. *Manche Dichter sollen deshalb auch noch in islamischer Zeit ihr Leben verloren haben, wobei einzelne der zahlreichen überlieferten Anekdoten zu diesem Thema vielleicht tendenziös sind.*

In den politisch bewegten Jahren unter der Umayyadendynastie wurden besonders drei Schmähdichter berühmt:

***ǦARĪR** b. ʿAṭīya b. Ḥuḏaifa al-Ḫaṭafī (geb. um 653, gest. zwischen 728 und 733): Er wuchs unter Beduinen auf und besaß unübertreffliche Sprachfertigkeit, die er als gefürchteter Satiriker in Al-Baṣra, im Hedschas, in Bahrain und*

Damaskus nutzbar machte. Gegen Ende seines Lebens zog er sich auf sein Landgut in der Yamāma zurück. Politisch schloss er sich den Umayyaden an, auf die er Lobgedichte verfasste. In Liebesgedichten preist er das Beduinentum (بَداوة badāwa). Er war der erste Mann, der mit einem Trauergedicht, und zwar auf seine Frau, berühmt wurde.

Hammām b. Ġālib b. Ṣaᶜṣaᶜa Abū Firās ***AL-FARAZDAQ*** *(geb. nach 640, gest. zwischen 728 und 733): Er stammte aus vornehmer Familie, verfasste z. B. Lobgedichte auf die oppositionellen ᶜAlīden und Schmähgedichte auf die herrschenden Umayyaden, musste deshalb 669 nach Medina emigrieren, dann nach Mekka, in den Jemen, nach Bahrain und Damaskus, schließlich nach Al-Baṣra. Bei Bedarf vollzog er auch einen politischen Seitenwechsel. Er war ein Widersacher ĞARĪRs. Seine Lob- und Liebesgedichte weisen epische Elemente auf.*

Ġiyāṯ b. Ġauṯ ***AL-AḪṬAL*** *(geb. um 640, gest. um 710): Er war ein Christ aus Al-Ḥīra, aber siedelte nach Mekka um. Nach dem Tode seiner Mutter soll er unter der schlechten Behandlung durch seine Stiefmutter gelitten und diese deshalb mit Schmähversen bedacht haben. Er verfasste Lobgedichte auf die Umayyaden sowie Schmäh- und Weingedichte und übte beißende Kritik an ĞARĪR.*

Noch Jahrhunderte später wurde der Straßendichter IBN AL-ḤAĞĞĀĞ (um 941 - um 1000 bei Bagdad) berühmt-berüchtigt, weil er dank seiner Schmähverse auf die Aristokratie, sofern er sie nicht publik machte, eine sichere Einkommensquelle hatte. Auch das gegenseitige Beleidigen war eine Strategie des verbalen Kampfes in Versform und taucht auch heute noch in der arabischen Variante des Battle-Rap auf.

Wiederum nützlich und ertragreich sowohl für den Verherrlichten als auch für den Dichter können **Lobverse** sein: eine Praktik, die in der arabischen Wortkunst bis in die Gegenwart

- wenn auch mit abnehmender Tendenz - gepflegt wird. Die darin benutzten Sprachbilder haben mitunter eine lange Tradition. (> 24. Politische Dichtung seit dem 20. Jh.)
Die emotionalisierende Wirkung von Poesie ist nicht zuletzt mit der Art der Darbietung verbunden. Bis heute wird Dichtung teilweise auch gesungen vorgetragen. (> 27. Dichtung und Musik)

Ein aktuelles prominentes Beispiel für die gefürchtete Macht, die von Poesie ausgehen kann, verkörpert der sudanesische Lehrer und Dichter MAḤĞŪB ŠARĪF (1948 - 2014), der wegen seiner aufrührerischen Verse als systemgefährdend galt, seit 1971 mehrfach inhaftiert war und durch Aktionen von Amnesty International weltweite Aufmerksamkeit bekam. Seine meist im Dialekt verfassten Texte wurden auch vertont und dadurch besonders populär.

Kontroll- und Vertiefungsaufgaben:

a) Inwiefern kann das poetische Wort in der religiösen Praxis der Sufis eine emotionale Gewalt ausüben?
b) Weshalb trägt die zeitgenössische arabische politische Rhetorik mitunter poetische Züge?
c) Inwiefern kam durch den sogenannten Arabischen Frühling die arabische Battle-Rap-Variante zu einer neuen Blütezeit?

11. Das soziale Umfeld der Dichter unter den Abbasiden

Nachdem sich seit frühislamischer Zeit das Reich der Kalifen immer weiter ausgedehnt hatte und mit den erfolgreichen Eroberungen hoch entwickelte Kulturen integriert worden waren, standen seit der Mitte des 8. Jh. unter den Abbasiden infolge eines immensen wirtschaftlichen und geistigen Aufschwungs genügend Potenziale zur Verfügung, um eine mondäne Stadtkultur zu schaffen. Die Sitten wurden verfeinert, Hygiene und Gesundheit spielten eine große Rolle, der Bildungsgrad nahm stetig zu, die Wissenschaften blühten auf, und man konnte es sich leisten, die Künste zu pflegen und ihre Früchte zu genießen.
Die beliebteste Kunst war nach wie vor die Poesie. Gleichzeitig entstand auch eine neuartige Literatur, die der Unterhaltung, aber auch der Belehrung diente. Sie war in Prosa verfasst, aber auch voller Reime und mit Versen verziert. Sie erhielt die Bezeichnung „**Adab**“ – also den Begriff, den man auch für das gute Benehmen verwendete. Ein berühmtes Anstandsbuch verfasste Ibn al-Waššā‘ (gest. 936 oder 937), der Sohn eines Stickereiwarenhändlers aus Bagdad. Dort werden die Tugenden und die Laster jener Zeit akribisch dargestellt:

Tugenden			Laster		
Arab.	Umschrift	Deutsch	Arab.	Umschrift	Deutsch
تَوَاضُع	tawāḍu^{c}	Bescheidenheit	تَكَبُّر	takabbur	Hochmut
سَخَاء	saḫā‘	Freigebigkeit	بُخْل	buḫl	Geiz
قَنَاعَة	qanā^{c}a	Genügsamkeit	إِسْرَاف	isrāf	Maßlosigkeit
عِفَّة	^{c}iffa	Keuschheit	كِذْب	kiḏb	Lüge
مُرُوءَة	murū‘a	Mannhaftigkeit	حَسَد	ḥasad	Neid

تَسَامُح	tasāmuḥ	Toleranz	غَضَب	ġaḍab	Zorn
حِكْمَة	ḥikma	Weisheit	بُغْض	buġḍ	Hass
صَبْر	ṣabr	Beharrlichkeit	جَهْل	ğahl	Unwissenheit

Öffentliche Bauten wie Moscheen, Schulen, Bäder oder Krankenhäuser, ja auch Märkte, beeindruckten in Ausmaß und Ausstattung. Private Paläste verfügten über Gärten und Wasserspiele wie z. B. Ende des 9. Jh. das Schloss der türkischstämmigen Tulunidenherrscher in Kairo mit einem Quecksilberbecken, wo an vier Säulen aus massivem Silber Seidenschnüre befestigt waren, die eine lederne Luftmatratze für den Herrscher hielten. Laut der auf älteren Quellen beruhenden Schilderung des ägyptischen Historikers Taqī 'd-Dīn al-Maqrīzī (gest. 1442) war es besonders schön, wenn sich der Vollmond auf der silbern glänzenden Fläche spiegelte.
In einer solchen Umgebung und in den dazugehörigen prachtvollen Gärten traf sich die Aristokratie bei sogenannten **Mağālis** (مَجالِسُ), geselligen Runden, bei denen man zuerst schlemmte und sich anschließend die Hände wusch, um schließlich beim Trinken Gedichten und Liedern zu lauschen. Bedient wurde man von Sklaven, die ihrerseits auch zur Unterhaltung beitragen konnten. Ihre gute Behandlung war eine Sache der Ehre. Manche konnten sogar in hohe Ämter aufsteigen und eine angesehene soziale Stellung erlangen. Begabte erhielten mitunter eine Ausbildung zum Sänger bzw. zur Sängerin.
Die zu solchen Anlässen entstandenen Dichtungen zeichnen vielfach ein aussagekräftiges **Sittenbild** jener Zeit. Man findet Schilderungen von Blumen, schönen Schalen, reizvollen Knaben oder Mädchen, ja auch von Weingelagen oder Jagdausflügen. Nicht selten handelte es sich bei solchen Versen um **Stegreifdichtung**. Neben diesen aus einer augenblick-

lichen Stimmung heraus entstandenen Beschreibungen gab es auch ganze Dialoge in Stegreifdichtung, wo ein Dichter ein Thema (z. B. Lob, Kritik) anschnitt und ein anderer im selben Metrum seine Meinung dazu abgab, worauf abermals eine Erwiderung folgen konnte usw.

Dichtung war ein solch immanenter Bestandteil des gesellschaftlichen Lebens, dass vom Kalifen Hārūn ar-Rašīd (regierte 786 - 809) sogar ein eigens dafür zuständiges Ministerium, der **Dīwān aš-šiʿr** (دِيوَانُ الشِّعْرِ), eingerichtet wurde, um den Wert der am Hofe eingereichten Poesie zu prüfen.

Die Poesie wurde teilweise sogar als Beruf betrieben. Die „Handwerker" brauchten Mäzene, und so entstanden Lobgedichte auf einflussreiche Persönlichkeiten oder auch Schmähgedichte auf deren Feinde. Wer es sich leisten konnte und seine Großzügigkeit demonstrieren wollte, engagierte besonders viele Dichter.

Kontroll- und Vertiefungsaufgaben:

a) Vergleichen Sie die Situation der arabischen Dichter im 8. - 10. Jh. n. Chr. mit der Stellung der Dichter im germanischen Sprachraum zur selben Zeit!
b) Welche der unter den Abbasiden postulierten moralischen Tugenden wurden bereits in der vorislamischen Dichtung gepriesen?

12. Themen der Dichtung ab dem 7. Jh. n. Chr.

Mit dem Anbruch eines neuen Zeitalters im Gefolge der islamischen Offenbarung und mit der zunehmenden Verstädterung breiter Teile der Gesellschaft bestimmten immer weniger die traditionellen dichterischen Motive die Gedankenwelt der Dichter.
Die thematische Dreiteilung der klassischen Kasside wurde oftmals aufgegeben. Ihre erotische Einleitung entwickelte sich zu einem unabhängigen Liebesgedicht. (> 16. Klassische Liebesdichtung) Die genaue Beschreibung der materiellen Umwelt wich mehr und mehr psychologischen Betrachtungen. Beduinische Ideale bestanden fort, wurden teilweise aber auch von neuen ethischen Grundsätzen und einer geweiteten Weltsicht in den Hintergrund gedrängt. In Lobgedichten z. B. ging es nicht mehr nur um Männlichkeit, sondern auch um Frömmigkeit, Reinheit und Rechtleitung.
Da die Dichtung, wie schon in vorislamischer Zeit, eine sehr populäre Kunst war, erfüllte sie wichtige gesellschaftliche Funktionen. Den Einfluss der Dichter (> 10. Die Macht des Dichters) machten sich z. B. einzelne hochstehende Persönlichkeiten oder ganze politische und auch religiöse Strömungen zunutze, um durch Selbstlob oder Verunglimpfung von Gegnern in **Lob- und Schmähgedichten** Macht zu erlangen oder bestehende Herrschaftsverhältnisse aufrechtzuerhalten. Mit der Lobpreisung von Charaktereigenschaften, Fähigkeiten und Errungenschaften eines Menschen waren bisweilen auch Beschreibungen der materiellen Umgebung verbunden. Neben Palästen wurden noch häufiger schöne **Gärten** (Landschaften und Jahreszeiten) geschildert oder es wurde von **Jagdausflügen** und den beteiligten Tieren (Löwe, Gazelle, Vögel, Jagdhund) berichtet. Diesen Themen

widmete man spezielle Gedichte, die zumeist sehr stereotypen Mustern folgten.
Ein herausragender Vertreter der ostarabischen **Naturdichtung** war der Hofbibliothekar und Blumenzüchter Abū Bakr Aḥmad b. Muḥammad AṢ-ṢANAUBARĪ aḍ-Ḍabbī (gest. 945).

Auch in Al-Andalus war die Gartendichtung ein beliebtes Genre. (> 18. Dichtung in Al-Andalus) Manche Dichter verstießen sogar, mehr oder weniger geduldet, gegen die öffentliche Moral, indem sie im Kontext von Naturbeschreibungen oder in speziellen **Weingedichten** den Konsum von Alkohlol während geselliger Zusammenkünfte schilderten, die meist in den Palastgärten stattfanden. In solchen sprachlich relativ unkomplizierten Gedichten wird das Trinken nicht nur gerechtfertigt und ein fiktiver Tadler abgewiesen. Man erfährt auch einiges über Alter, Aussehen, Duft, Geschmack und Wirkung des Weines, wie er hergestellt und wie, wo und von wem er kredenzt wird.
Alkohol fand übrigens auch Erwähnung in **religiösen Gedichten**, allerdings begrenzt auf eine metaphorische Aussageabsicht und eine spezielle religiöse Strömung, nämlich den Sufismus. (> 17. Sufische Dichtung) Andere religiöse Dichtung konzentrierte sich auf die Huldigung des Propheten (> 9. Poesie und Islam) oder die Verherrlichung einer asketischen Lebensweise. Manche Dichter verfassten in diesem Zusammenhang nach einer Zeit der Zügellosigkeit später Verse über

die Eitelkeit der Welt und ihre persönliche Angst vor Alter, Tod und Strafe im Jenseits.
In der Einsicht, dass der Tod unausweichlich komme, zeigen sich Parallelen zur **Trauerdichtung**, die bereits in der Ǧāhilīya eine eigene wichtige Gattung darstellte, ab dem 7. Jh. n. Chr. aber einen islamischen Hintergrund annahm. Trost sollte man nunmehr vor allem in der demütigen Akzeptanz des unabwendbaren Schicksals finden. Betrauert wurden im Laufe der folgenden Jahrhunderte nicht nur Verstorbene, sondern auch untergegangene Reiche wie Al-Andalus.
Eine neuartige Poesie, die keinerlei altarabische Traditionen besitzt, findet sich in den **Lehrgedichten**, die verfasst wurden, um das immer größer werdende Wissen der arabischen Gelehrten durch deren Schüler in einprägsamer Weise im zumeist analphabetischen Volk zu verbreiten. Der künstlerische Wert dieser Poesie ist umstritten. Dennoch lernten die Kinder in den Schulen noch bis ins 20. Jh. hinein jene mitunter mehr als 1000 Verse zählenden Gedichte zu verschiedenen Wissensgebieten, wie der Geschichte oder dem Recht und besonders zur Grammatik, wie die berühmte „Alfīya" von Ǧamāl ad-Dīn Muḥammad b. ᶜAbdallāh IBN MĀLIK (gest. 1274 in Damaskus) aus Al-Andalus.

Ebenfalls ohne direktes Vorbild in der altarabischen Poesie sind die meist nur aus zwei bis sechs Versen bestehenden **Beschreibungen** von Alltagsgegenständen (z. B. Schreibutensilien, Schmuck, Kosmetik, Speisen) oder von Abstrakta (z. B. Hoffnung, Redekunst). Wenn der Gegenstand der Beschreibung nicht genannt wurde, entsprachen diese Gedichte einfach nur vergnüglichen Rätseln.

Von arabischen Literaturwissenschaftlern werden die Gedichte folgenden Gattungen zugeordnet:

Arabisch	Umschrift	Deutsch
إِخْوَانِيَّات	iḫwānīyāt	Freundschaftsgedichte
أُرْجُوزَات/ شِعْر تَعْلِيمِيّ	urǧūzāt/ šiᶜr taᶜlīmī	Lehrgedichte
تَهَانِئَات	tahāniʻāt	Glückwünsche
خَمْرِيَّات	ḫamrīyāt	Weingedichte
رَبِيعِيَّات	rabīᶜīyāt	Frühlingsgedichte
رَوْضِيَّات	rauḍīyāt	Gartengedichte
زُهْدِيَّات	zuhdīyāt	Askesegedichte
زَهْرِيَّات	zahrīyāt	Blumengedichte
طَرْدِيَّات	ṭardīyāt	Jagdgedichte
عِتَابَات	ᶜitābāt	Personentadel
غَزَل	ġazal	Liebesgedichte
مَدْحِيَّات	madḥīyāt	Lobgedichte
مَرَاثٍ	marāṯin	Trauergedichte
نَقَائِضُ	naqāʻiḍ	Streitgedichte
هِجَائِيَّات	hiǧāʻīyāt	Schmähgedichte
وَصْف	waṣf	Beschreibungen

Im Vergleich zur altarabischen Poesie nahm die Dichtung seit dem 7. Jh. neue Themen auf, ohne die traditionellen Inhalte völlig aufzugeben. Der mit der enormen Vergrößerung des

Reiches verbundene Bevölkerungszuwachs in Verbindung mit multikulturellen Einflüssen brachte es mit sich, dass die Vertreter der Dichtung nicht nur zahlenmäßig mehr wurden, sondern dass auch die Stilrichtungen an Vielseitigkeit zunahmen. So existierten neben den vielen neuen lyrischen Kreationen weiterhin Fortsetzungen der altarabischen Traditionen, aber im Gegensatz dazu auch Parodien auf die damals schon als klassisch geltenden Topoi, wie das Weinen an der verlassenen Lagerstätte der Angebeteten. Selbst Trauergedichte wurden karikiert, wenn man inbrünstig um eine Tier trauerte. Abū Ṭālib AL-MA'MŪNĪ (gest. 993 in Buchara) wandte die Liebesmetaphorik sogar auf ein Omelett an; das Gedicht wurde übersetzt von Renate Jacobi:

عندي لِلضَّيف عُجَّة شرقت

Das ich dem Gast bereite - Omelett!

بِدُهْنِهَا فَهِي أعْجَب العَجَب

Ein Wunder aller Wunder, strahlt es in seinem Fett.

قَدْ عَضَّت النَار وَجْهَهَا فغدَت

Das Feuer biß es zärtlich in die Wangen,

كَيَاسمِين بِالوَرْد مُنْتَقِب

So daß sie wie Jasmin, umkränzt von Rosen, prangen.

Mit der Abkehr von klassischen Motiven war auch ein Bruch mit den altarabischen Gedichtstrukturen und stilistischen Mitteln verbunden.

Kontroll- und Vertiefungsaufgaben:

a) Inwiefern werden in den ab dem 7. Jh. entstandenen Gedichten vorislamische Traditionen gewahrt?

b) Welchen neuartigen Themen widmet sich die Dichtung in islamischer Zeit?
c) Warum wurden Lehrgedichte zur Vermittlung von Unterrichtsstoff eingesetzt?
d) In welchen Kontexten wird in der vorislamischen und in der abbasidischen Dichtung Alkohol erwähnt?

13. Neue Ausdrucksformen unter den Abbasiden

Nachdem die in Damaskus residierenden Umayyaden im Jahre 750 gestürzt worden waren und die nachfolgende Dynastie der Abbasiden Bagdad als ihre neue Hauptstadt ausgebaut hatte, verlagerte sich damit das Zentrum des Kalifenreiches noch weiter Richtung Osten. Dadurch kamen zunehmend Perser und Mittelasiaten an den Hof, wo sie einflussreiche Stellen bekleideten. So stellten die iranischstämmigen Barmakiden in der 2. Hälfte des 8. Jh. die Wesire. Das aufblühende Bagdad, aber auch Al-Kūfa und Al-Baṣra zogen Künstler und Gelehrte aus dem Osten an. Während Arabisch als Sprache der gemeinsamen Religion auch in Verwaltung und Wissenschaft gebraucht und dadurch die Kommunikation in diesen Bereichen standardisiert wurde, standen die Dichter durchaus noch stark in ihrer persischsprachigen Tradition und übertrugen vielfach ihre ganz andersartigen Stilformen ins Arabische. Dadurch dominierte die arabische Poesie nunmehr eine mannigfaltige, bisweilen auch schwer verständliche lyrische Sprache.

Die bisherige realistische, bodenständige Ausdrucksweise mit ihren leicht nachvollziehbaren sprachlichen Bildern musste einer **assoziationsreichen Vielschichtigkeit** weichen. Metaphern (Genitivmetaphern wie „Vogel meiner Hoffnung") und Vergleiche waren zum Teil recht kühn und mystifizierten banale Sachverhalte oder vermenschlichten immer öfter die Natur. Die Übertreibungen erschienen maßlos oder zumindest weit hergeholt. Raffinierte Wortspiele und Anspielungen bezogen sich oft auf frivole Themen. Analoge morphologische Strukturen (gleiche Modellstrukturen) erzeugten Klangfülle.

Ein anonymer Dichter aus Al-Baṣra dichtete im 10. Jh. n. Chr. folgende mit Wortspielen angereicherte Verse, ins Deutsche übertragen nach der Übersetzung von Hellmut Ritter:

قُلْتُ لِلْقَلْبِ مَا دَهَاكَ أجبْنِي

Ich sprach zum Herzen: Was hat dich betroffen? Gib mir Antwort!

قَالَ لِي بَائِعُ **الفَرَانِي فَرَانِي**

Es sprach zu mir: Der [junge] **Kuchenschneider** hat mich **zerschnitten**.

نَاظِرَاهُ فِيمَا جَنَى **نَاظِرَاهُ**

Stellt ihm vor **Augen,** was seine **Augen** verbrachen,

اوْ دَعَانِي أمُوتُ بِمَا **أوْدَعَانِي**

oder **überlasst** mich dem Tode [lasst mich sterben] unter meines Grames **Überlast** [mit dem, was sie in mich gelegt haben (an Liebesschmerz)].

Im Laufe der Jahrhunderte unterschieden manche Autoren in der Rhetorik schließlich weit mehr als 200 Stilfiguren, darunter auch das Palindrom (الْقَلْب al-qalb), das man in beiden Richtungen, also von vorn wie von hinten, lesen kann. Ein Beispiel dafür ist der folgende Sinnspruch des Kadis Nāṣiḥ ad-Dīn b. Aḥmad b. Muḥammad al-Arraǧānī (gest. 1149 in Tustar) in einer Übersetzung von A. F. M. von Mehren:

مودته تدوم لكل هول وهل كل مودته تدوم

Seine Liebe überdauert jeden Schrecken,
[aber] überdauert seine ganze Liebe?

Die avantgardistischen Dichter wurden **Muḥdaṯūn** (مُحْدَثُونَ, „Erneuerer", „Avantgardisten", „Moderne") und ihre Sprache **badīᶜ** (بَدِيع, „neuartig") genannt. Dabei waren beide Bezeichnungen kaum neutral, sondern entweder lobend oder verurteilend gemeint. Der Streit um die neuartige Dichtung gipfelte in dem „Buch des Badī^{c}" (كِتَابُ الْبَدِيع Kitāb al-badī^{c}), in dem gezeigt werden sollte, wie ähnliche Stilelemente schon von den alten Arabern gebraucht worden waren. Verfasst hatte es der Dichter Abū 'l-^{c}Abbās ^{c}Abdallāh IBN AL-MU^{c}TAZZ, der 908 nach kurzzeitigem Kalifenamt im Alter von etwa fünfzig Jahren wahrscheinlich aus politischen Gründen umgebracht wurde.

Zu den ersten berühmt gewordenen Muḥdaṯūn zählte der blinde BAŠŠĀR B. BURD Abū Mu^{c}āḏ al-Mura^{cc}aṯ al-^{c}Uqailī aus Al-Baṣra. Er stammte aus einer persischen Sklavenfamilie, die den Islam nicht angenommen hatte. Als Dichter hatte er viel Erfolg, wurde aber offenbar Opfer seiner Spitzzüngigkeit und 783 wegen Ministerbeleidigung oder Häresie hingerichtet. Neben Liebesliedern auf ^{c}Abda verfasste er Lobgedichte auf den Kalifen al-Mahdī sowie Schmäh- und Trauergedichte, aber auch satirische Gedichte auf die Araber.

Auf ihn folgten der bis heute außerordentlich bekannte ABŪ NUWĀS al-Ḥasan b. Hāni' al-Ḥakamī (> 14. Abū Nuwās) und der aus einer armen christlichen Familie stammende ABŪ TAMMĀM Ḥabīb b. Aus aṭ-Ṭā'ī (gest. um 845 in Mosul), der um 805 in einem kleinen Ort nahe des Sees Genezareth geboren wurde und als Dichter in bedeutenden Städten, wie Damaskus und Bagdad, wirkte. Von ihm stammt folgende mystifizierende Naturschilderung:

يَا صَاحِبَيَّ تَقَصَّيَا نَظَرَيْكُمَا   تَرَيَا وُجُوهَ الأَرْضِ كَيْفَ تُصَوَّرُ

O meine beiden Gefährten, lasst eure Augen schauen der Erde Antlitze gar fein.

تَرَيَا نَهَارًا مُشْمِسًا قَدْ شَابَهُ   زَهْرُ الرُّبَا فَكَأَنَّمَا هُوَ مُقْمِرُ

Den Tag, sonnenhell und mattglänzend zugleich, eine Bergblume im Mondenschein.

دُنْيَا مَعَاشٌ لِلْوَرَى حَتَّى إذَا   جُلِيَ الرَّبِيعُ فَإِنَّمَا هِيَ مَنْظَرُ

Die Welt, lebensentfacht und frühlingserwacht, welch schöner Schein.

أَضْحَتْ تَصُوغُ بُطُونُها لظُهورِها   نَوْراً تَكَادُ لَهُ القُلُوبُ تُنَوّرُ

Ein Licht aus dem Inneren lässt erstrahlen die Herzen so rein.

مِنْ كُلِّ زَاهِرَةٍ تَرَقْرَقُ بِالنَّدَى   فَكَأَنَّها عَيْنٌ إلَيْكَ تَحَدَّرُ

Taufeucht jedwede Blüte, als rollten Tränen aus einem Äugelein

تبْدُو ويحجُبُها الجَميمُ كأنَّها   عَذْراءُ تَبدُو تارةً وتَخَفَّرُ

Reich verschleiert wie eine Jungfrau, die dann und wann erscheint, schamhaft und fein.

Auch in der Struktur der Gedichte gab es alternative Kreationen. Im ostarabischen Raum, und noch mehr in Al-Andalus, pflegte man die **Muwaššaḥa** und den **Zağal**, die gesungen rezitiert wurden. Sie wiesen keine klassischen Metren und Reimschemata auf, sondern enthielten sogar umgangssprachliche Elemente. (> 18. Dichtung in Al-Andalus)
Im 10./11. Jh. wurden **Makamen** (< مَقَامَة maqāma) populär. Die Makame ist eine Mischform aus Dichtung und Prosa, die auf den Wanderdichter BADĪᶜ AZ-ZAMĀN AL-HAMAḎĀNĪ (gest. 1007) zurückgeführt wird. Er verfasste auf seinen Reisen durch den Irak und Persien sogenannte Bettleransprachen mit einem sozialkritischen Hintergrund. Nachahmung fanden diese durch Abū Muḥammad b. AL-ḤARĪRĪ al-Baṣrī (gest. 1122).
Unter persischem Einfluss dichtete man **Vierzeiler** (رُبَاعِيَّات rubāᶜīyāt), bestehend aus vier Halbversen, bei denen nur der dritte in Metrum und Reim abweichen durfte. Manchmal waren sie Bestandteil einer Muwaššaḥa, wie der folgende

Vierzeiler, der in dem bis heute populären Lied „يا غُصْـن نَقَا“ („Du keuscher Zweig“) vorkommt und auf den andalusischen Arzt und Dichter IBN ZUHR, latinisiert AVENZOAR, (gest. 1161) zurückgeht:

لَو صَادَف نُوح دَمْع عَيني غَرِقًا

Träf' Noah auf meiner Aug' Tränensee, ertrinken würde er

أو شَـاهَدَ لَوْعَتِي الخَلِيْلُ احْتَرقًا

Sähe Abraham mein gepeinigt' Herz, verbrennen würde er

أو حَمَـلَتْ الجِبَـالُ مَا أحْمِلُهُ

Müssten die Gebirge ertragen all meine Lasten so schwer

صَارَتْ دكًّا وخرّ مُوسـىَ صَعِقًا

Einstürzen würden sie, dieweil Moses vom Blitz getroffen wär'.

Kontroll- und Vertiefungsaufgaben:

a) Welche Stilelemente des Badīᶜ-Stils enthält das oben zitierte Gedicht ABŪ TAMMĀMs?
b) Inwiefern bedingen neue Themen und neuartige Ausdrucksformen einander?
c) Wodurch unterscheiden sich altarabische und abbasidische Naturschilderungen?

14. Abū Nuwās

ABŪ NUWĀS, dessen eigentlicher Name al-Ḥasan b. Hāni' al-Ḥakamī war, *wurde wahrscheinlich 757 (nach anderen Angaben zwischen 747 und 767) in Ahwāz im Südwesten des heutigen Irans als Sohn einer persischen Weberin oder Wollwäscherin geboren. Der Vater soll ein arabischer Soldat gewesen sein.* Seine Mutter zog mit ihm ein paar Jahre später nach Al-Baṣra, wo der Junge die Bekanntschaft eines berühmten Dichters namens WĀLIBA B. AL-ḤUBĀB al-Asadī (gest. um 786) machte, mit dem er dann nach Al-Kūfa ging. Nach dessen Tod kehrte er nach Al-Baṣra zurück, bekam von dem Dichter ḪALAF AL-AḤMAR (gest. um 796) Unterricht und zog schließlich mehrere Monate durch die Wüste, um bei den als besonders sprachgewandt geltenden Beduinen die Feinheiten der arabischen Hochsprache zu erlernen. 786 ließ er sich in Bagdad nieder, wo er mit einigen Unterbrechungen bis zu seinem wahrscheinlich unnatürlichen Tod um das Jahr 815 als Hofdichter der Kalifen Hārūn ar-Rašīd und al-Amīn ein ausschweifendes Leben führte, das durch mehrmalige Kerkerhaft und Exildasein etliche Schattenseiten aufwies.

Am bekanntesten wurde ABŪ NUWĀS durch seine **Wein-, Jagd- und Liebesgedichte**. Politisch engagierte er sich nicht, verfasste aber dennoch **Lob-, Schmäh- und Trauergedichte** auf einflussreiche Persönlichkeiten, um seinen Lebensunterhalt zu sichern. Seine Spöttereien auf altarabische Poesie, religiöse Werte, Nordaraber und Familienmitglieder des Kalifen sowie einflussreiche Amtspersonen waren ihm öfter von Nachteil.

ABŪ NUWĀS gilt als bedeutsamer Vertreter neuartiger Formen in der arabischen Poesie. (> 13. Neue Ausdrucksformen unter den Abbasiden) Seine Liebesgedichte richten sich an beide Geschlechter. Er berichtet darin sowohl von unerfüllter Liebe als auch von erfolgreichen Affären, er beschreibt das Aussehen des geliebten Menschen, die Wirkung auf sich selbst, Enttäuschungen und Hoffnungen, Leiden und Freuden. Seine Sprache erscheint dabei oftmals frivol, insbesondere wenn sich Metaphern und Vergleiche eindeutig auf in der Dichtung bisher nicht in dem Maße beschriebene Körperteile oder erotische Handlungen beziehen. Damit gilt seine Liebesdichtung genau wie seine Weindichtung als tabulos und für manche seiner Zeitgenossen wie auch für nachfolgende Generationen als nicht konform mit der herrschenden gesellschaftlichen Moral. *Diese selbstbewusste und kompromisslos rebellische Haltung wiederum scheint zu seiner ungebrochenen Popularität beigetragen zu haben.*

Seine Liebe zum Wein rechtfertigt ABŪ NUWĀS in den folgenden Versen, übersetzt von Alfred von Kremer:

دَعْ عَنْكَ لَوْمي فإنّ اللّوْمَ إغْرَاءُ   ودَاوني بالّتي كانَتْ هيَ الدّاءُ

Stehe ab vom Tadlerwort
Tadel macht mich toller nur.
Das, was Gift du nennest, gib es
Keck mir ein, als Krankenkur:

صَفراءُ لا تَنْزلُ الأحزانُ سَاحَتها   لوْ مَسّها حَجَرٌ مَسّتْهُ سَرّاءُ

Gold'nen Wein, der Sorg' und Pein
Schnell verscheuchet aus dem Sinn;
Taumeln macht sein Trunk fürwahr
Jedes Felsblocks Steinnatur,

مِنْ كَف ذَات حِرٍ فِي زيّ ذي ذكرٍ   لَها مُحِبّانِ لُوطيٌّ وَزَنّاءُ

Aus der Hand des Mädchens , einer
Holden, minnevollen Schenkin,
Die vor Allen zweie liebet:
Zecher und Verliebte nur.

قَامت بِإبْريقِهَا ، وَالليلُ مُعْتَكِرٌ   فَلاحَ مِنْ وَجْهِها في البَيتِ لألاءُ

Mit der Kanne stand sie da,
Während draussen schwarz die Nacht,
Und ihr Antlitz , helle strahlt' es
Licht hin auf des Hauses Flur.

فأرْسلَتْ مِنْ فَم الإبْريق صَافيَةً   كأنَّما أخذَها بالعينِ إغفاءُ

Unvermischten , echten goss
Aus der Kanne Halse sie,
Goss gar lang, es schien, als wand're
Ihr Gedank' auf and'rer Spur;

رقَّتْ عَنِ الماء حتى ما يلائمُها   لَطافَةً ، وَجَفا عَنْ شَكلِها الماءُ

Mischte wenig Wasser bei
Das ihr Antlitz wiederspiegelt;
Wenig mischt sie bei, dass ein
Scheltwort keiner Lipp' entfuhr,

فلَوْ مَزَجْتَ بها نُوراً لَمَازَجَها   حَتَّى تَوَلدَ أنْوارٌ وأَضواءُ

Gösse Glut sie in den Wein:
Beide würden sich vereinen,
Und erzeugten mit einander
Neue Glut und Lohen nur.

دارتْ على فِتْيَةٍ دانً الزمانُ لهمْ،   فَما يُصيبُهُمُ إلاّ بِما شاؤوا

Sie umkreis'te eine Schaar
Denen willig dient die Zeit.
Das Geschick kennt schnell Gehorsam,
Wenn's vernimmt ihr Drohen nur.

لتِلكَ أَبْكِي، ولا أبكي لمنزلةٍ   كانتْ تَحُلُّ بها هندٌ وأسماءُ

Solche Freundeschaar bewein' ich,
Nie bewein' ich Hind und Asma,

حاشى لِدُرَّةَ أن تُبْنَى الخيامُ لها   وَأنْ تَرُوحَ عَلَيْها الإبْلُ وَالشّاءُ

Oder ihrer Zelten Spur:
Jenen gilt mein Freundesschwur.

فقلْ لمنْ يدَّعِي في العلمِ فلسفةً حفِظْتَ شَيئًا، وغابَتْ عنك أشياءُ

Sprich zu dem, der prahlt mit Logik
Und Filosofie: „Gar Manches
Hast erlernt, doch unbekannt
Blieb dir manches Wissens Spur.“

لا تحْظُرالعفوَ إن كنتَ امرَأً حَرجًا فَإنّ حَظْرَكَهُ في الدّين إزْراءُ

Wein verbiete nicht, wenn du
Klugen Sinnes bist, denn wahrlich:
'S ist ein arger Gottverächter,
Wer des Weins Genuss abschwur.

Kontroll- und Vertiefungsaufgaben:

a) Welche sprachlichen Mittel des Badī[c] finden sich in dem oben zitierten Gedicht von ABŪ NUWĀS?
b) Aus welchen vielfältigen Gründen konnte ABŪ NUWĀS zu einem bedeutenden Dichter am Kalifenhof aufsteigen?

15. Al-Mutanabbī

Über die früheste Kindheit des wahrscheinlich meistzitierten klassischen arabischen Dichters Abū 'ṭ-Ṭayyib Aḥmad b. al-Ḥusain al-Ğu^{c}fī AL-MUTANABBĪ ist wenig bekannt. Er soll 915 oder 917 im irakischen Al-Kūfa als Sohn eines Wasserträgers südarabischer Abstammung geboren worden sein. Man sagte ihm große Intelligenz und ein außergewöhnliches Gedächtnis nach. Seine poetische Ader wurde früh erkannt.

924 verließ er mit seiner Familie Al-Kūfa und weilte zwei Jahre lang unter Beduinen. In dieser Zeit lernte er Hocharabisch, weil die Beduinen noch diese Sprache gebrauchten, die in vielen arabischen Städten mittlerweile durch Interferenzen mit den Sprachen der Nichtaraber nicht mehr unverfälscht gesprochen wurde.

Nach einem kurzen Zwischenaufenthalt in Al-Kūfa wanderte er 928 nach Bagdad, wo er als Lobredner auftrat. Anschließend zog er durch Syrien und führte das Leben eines fahrenden Sängers, bevor er propagandistische Reden hielt, in denen er die Anschauungen der oppositionellen Qarmaten (قرامطة Qarāmiṭa), einer ismailitischen, auf den Messias (Mahdī) orientierten politisch-religiösen Bewegung, verteidigte. Er verbündete sich dazu mit den ihm ohnehin seit seiner Kindheit vertrauten Beduinen. In dieser Zeit oder auch später erhielt er seinen Beinamen „al-Mutanabbī" (المُتَنَبّي „der sich als Prophet ausgibt"). *933 wurde er gefangen genommen und soll einer zweijährigen Haftstrafe nur entkommen sein, weil er in einem Gedicht seine aufrührerischen Ansichten widerrief. Anschließend schlug er sich mehrere Jahre als zumeist schlecht bezahlter Lobdichter durch.*

937 gelang es ihm, Saif ad-Daula, den Führer der schiitischen Hamdaniden (حَمْدَانِيون Ḥamdānīyūn), für sich zu gewinnen. Neun Jahre lang lebte er materiell sehr gut abgesichert, aber

von Neidern immer wieder diffamiert, am Hof dieses einflussreichen Fürsten in Aleppo und verfasste dort vor allem Lob- und Trauerpoesie. Streitigkeiten mit seiner Umgebung, aber auch mit Saif ad-Daula, führten dazu, dass sich AL-MUTANABBĪ nach einem kurzen Aufenthalt in Damaskus schließlich in Al-Fusṭāṭ, dem heutigen Kairo, niederließ, um dem abessinischen Eunuchen und damaligen Herrscher über Ägypten und Syrien, Kāfūr, heuchlerische Lobgedichte zu widmen. Nachdem er jedoch eine Satire auf seinen Gönner verfasst hatte, floh er 962 nach Al-Kūfa und anschließend nach Bagdad, wo er als Künstler zwar eine kleine Anhängerschaft um sich versammeln konnte, als Lobdichter jedoch keine Karriere mehr machte.
965 ging er nach Persien, wo er wohlwollende Aufnahme fand. *Aus nicht überlieferten Gründen zog es ihn im selben Jahr in seine Heimat zurück. Doch kurz vor Bagdad verloren er und sein Sohn durch einen Beduinenüberfall ihr Leben.*

In AL-MUTANABBĪs Poesie werden altarabische Traditionen gewahrt und **beduinische Ideale** gepriesen. Obwohl AL-MUTANABBĪ seiner Zeit kritisch gegenüberstand und unter anderem den moralischen Verfall anprangerte, zeigte er sich offen gegenüber dichterischen Neuerungen und verwendete die für den badī^{c}-Stil typischen **Übertreibungen** und **rätselhaften Bilder**. Neben Lobbezeigungen enthalten die Gedichte berühmte Landschafts- und Schlachtenschilderungen, daneben auch **philosophische Betrachtungen**, die nicht selten von einer pessimistischen und egozentrischen Haltung bestimmt werden. In etlichen Gedichten folgt AL-MUTANABBĪ beim **Eigenlob** dem traditionellen Faḫr (> 3. Sprache und Struktur der altarabischen Dichtung), woraus ein gewisser Hochmut abgelesen werden könnte:

سَيعْلَمُ الجَمعُ ممّنْ ضَمّ مَجلِسُنا   بأنّني خَيرُ مَنْ تَسْعَى بهِ قَدَمُ

All wissen's, der hier bei ihnen weilt,
Bin ich: der Beste gar weit und breit.

أنَا الذي نَظَرَ الأعْمَى إلى أدَبي   وَأسْمَعَتْ كَلِماتي مَنْ بهِ صَمَمُ

Meine Verse lassen sehend werden all die Blinden.
Meine Worte lassen die Tauben ihr Gehör wiederfinden.

[...]

الخَيْلُ وَاللّيْلُ وَالبَيْداءُ تَعرِفُني   وَالسّيفُ وَالرّمحُ والقرْطاسُ وَالقَلَمُ

All wissen's, wer ich bin: Nacht, Wüste und Pferd.
Gleichwohl Pergament und Rohrfeder, Lanze und Schwert.

Da sich AL-MUTANABBĪ aus strategischen Erwägungen in seiner Dichtung nicht immer ehrlich präsentieren konnte, ist es nicht möglich, daraus seinen wirklichen Charakter und seine Weltanschauung abzulesen. Zeitgenössische Berichte oder auf ihn verfasste Spottgedichte (z. B. von IBN AL-ḤAĞĞĀĞ) sind ebenfalls keine verlässlichen Quellen.

Kontroll- und Vertiefungsaufgaben:

a) Warum gehört AL-MUTANABBĪ zu den meistzitierten arabischen Dichtern?
b) Welche Erlebnisse haben dazu geführt, dass in etlichen Versen eine pessimistische Haltung vorherrscht?
c) Weshalb wird AL-MUTANABBĪ von Zeitgenossen als hochmütig geschildert?

16. Klassische Liebesdichtung

Die Liebesgedichte haben in islamischer Zeit nicht mehr die Form der klassischen Kasside, sondern sind inhaltlich auf ein von epischen Elementen durchzogenes Einzelthema beschränkt und mit oftmals nur noch 4 bis 16 Doppelversen wesentlich kürzer. Wie gewohnt halten sie noch ein durchgängiges Metrum und den Endreim ein. Sie werden in Anlehnung an die vorislamische Bezeichnung für die Ansprache des Dichters an die abwesende Geliebte **Ghasele** genannt. (> 3. Sprache und Struktur der altarabischen Dichtung) Dieses Wort bürgerte sich endgültig allerdings erst im 13. Jh. in der persischen Lyrik als Fachterminus ein.
Als **Begründer** dieser neuartigen Liebespoesie gilt der aus dem vornehmen mekkanischen Clan der Banū Maḫzūm (بَنو مخْزُوم) stammende ᶜUMAR B. ABĪ RABĪᶜA (gest. 712 oder 721). Er bevorzugte für seine Verse, die auch gesungen vorgetragen wurden (> 27. Dichtung und Musik), die leichten Metren Ḫafīf oder Ramal. Die Schilderungen seiner vielfältigen, manchmal etwas pikanten Liebesabenteuer wurden vorbildhaft. Die Geliebte erschien dem Dichter nicht mehr als Traumbild an einer verlassenen Wüstenlagerstätte, sondern leibhaftig z. B. beim Küssen des schwarzen Steins an der Kaaba in Mekka. In diesem Zusammenhang klagen die Liebesdichter auch über Kummer und Schlaflosigkeit und rufen sich selbst zu Geduld auf. Selbst wenn die Geliebte im Augenblick unerreichbar ist, gibt es Trost durch Erinnerung und Hoffnung. Die Liebe ist etwas Heiliges und Erhebendes. Man besingt vornehme Damen der Gesellschaft und unterwirft sich der Frau, angezogen vom Reiz des Interessanten, Amüsanten, Eleganten. Der Dichter ist nicht mehr nur Eroberer, er wird auch begehrt. In vielerlei Hinsicht lassen sich Paral-

lelen zum europäischen Minnesang herstellen. (> 18. Dichtung in Al-Andalus)
Berühmter noch wurden Gedichte, die eine **platonische Liebe** verherrlichten. Der Dichter beschreibt nicht die Schönheit der Angebeteten, sondern vielmehr seine Gefühle. Diese Art der Dichtung hat ihren Ursprung bei den Beduinen und geht zurück auf den Stamm der **Banū ᶜUḏra**, der im nördlichen Hedschas nomadisierte. Fragte man jemanden, der sich vor unerfüllter Liebe ganz verzehrte, woher er denn käme, konnte die Antwort lauten:

مِنْ قَومٍ إذَا أَحَبُّوا مَاتُوا

Von einem Stamm, dessen Mitglieder sterben, wenn sie lieben.

Auf diesen Stamm nimmt sogar Jahrhunderte später Heinrich Heine noch Bezug. (> 20. Die Wirkung der arabischen Dichter auf Europa) Nach den Banū ᶜUḏra wird die platonische Liebe auch udhritische Liebe (الحُبّ العُذْرِيّ al-ḥubb al-ᶜuḏrī) und die entsprechende Lyrik udhritische Dichtung (الشّعْر/الغَزَل العُذْرِيّ aš-šiᶜr / al-ġazal al-ᶜuḏrī) genannt. Schon in der Ǧāhilīya soll es derartige Gedichte gegeben haben, die berühmtesten entstanden aber in den ersten beiden islamischen Jahrhunderten.
Zwei bekannte Liebespaare, die wegen ihrer unglücklichen Liebe den Tod fanden, sind ǦAMĪL und Buṯaina sowie MAǦNŪN und Lailā. *Laut Legende konnten weder der schöne ǦAMĪL (gest. um 700) noch der friedfertige QAIS B. AL-MULAUWAḤ (gest. um 688), später MAǦNŪN („der Wahnsinnige") genannt, ihre Angebeteten bekommen. In beiden Fällen war die Familie des Mädchens dagegen und verheiratete die Tochter mit einem Anderen. Beide Männer mussten weit weg fliehen, blieben aber stets ihrer Liebe treu. Ihre Verirrungen endeten*

schließlich in Selbstaufgabe, Krankheit, Wahnsinn und Liebestod.
Sowohl von ĞAMĪL als auch von MAĞNŪN sind Verse überliefert, wobei die Echtheit umstritten ist. Sie sollen aus dem 7. Jh. stammen, wie z. B. die folgenden Verse des ĞAMĪL:

ولا مَرّ يومٌ مُذ تَرَامَتْ بكِ ولا لَيلَـةٌ إلا هَـوى مِنكِ رَادِفُ النـوَى

Kein Tag, den du seitdem nicht weit entfernt von mir verbracht
Keine Nacht, die ich voller Sehnsucht nicht deiner gedacht
[...]

فلا تَحْسِبنّ النـأي أسْلـى مَوَدتـي ولا أنّ عَيني رَدّهَا عَنكِ عَاطِفُ

Keine Trennung, die meine Liebe nicht noch mehr entfacht
Kein Augenblick, in dem mein Auge nicht über dich wacht.

Ganz andere Motive bewegen den als Liebes- und Weindichter berühmt gewordenen ABŪ NUWĀS (gest. um 815), dessen zuweilen obszöne Verse als Muğūn („Zoten") bezeichnet werden. (> 14. Abū Nuwās)
Eine eigene Art von Liebeslyrik entwickelte sich in Al-Andalus, wo Männer wie Frauen oftmals sehr selbstbewusste Gedanken formulierten. (> 18. Dichtung in Al-Andalus)
Liebe, jedoch in spiritueller Form, ist auch poetisches Thema der Derwische auf ihrer Suche nach einer Vereinigung mit Gott. (> 17. Sufische Dichtung)
Schon im 10. Jh. erschien ein umfassender Überblick über die Liebeslyrik, verfasst von Abū 'l-Farağ al-Iṣfahānī (gest. 967 in Bagdad) in seinem „Buch der Lieder" (كِتَابُ الأغَانِي Kitāb al-aġānī), in dem mehr als 2000 Lieder mit Angaben zu Text, Melodie, Dichter, Komponist, Interpreten und Zuhörern beschrieben sind.

Kontroll- und Vertiefungsaufgaben:

a) Welche formalen und inhaltlichen Veränderungen weist die arabische Liebesdichtung ab dem 7. Jh. im Vergleich zu den Liebesversen der vorislamischen Dichter auf?
b) Lassen sich in der modernen arabischen Liebesdichtung klassische Topoi und Stileffekte nachweisen?

17. Sufische Dichtung

Als sufische Dichtung gelten die lyrischen Werke von islamischen Mystikern, die in den Mittelpunkt ihrer spirituellen Praxis die Liebe zu Gott und die Einswerdung mit dem Göttlichen durch intensive Hinwendung zu Gott bei gleichzeitiger Askese stellen. Die Möglichkeiten, diesem Ziel näherzukommen, reichen von körperlichen Übungen (z. B. Tanz) bis hin zu meditativen Erlebnissen durch Sprache (z. B. ذِكْر ḏikr, d. h. fortlaufendes Erwähnen der 99 Namen Gottes und des islamischen Glaubensbekenntnisses zur Bewusstmachung der ständigen Gegenwart Gottes). Sprache ist auch das Mittel der poetischen Äußerungen der Sufis, zumeist auf Arabisch oder Persisch.

Die **Themen** der Sufi-Dichtung umfassen:

- Beschreibung der Gottesliebe und der Liebe zum Propheten
- Beschreibung der verschiedenen geistigen Zustände (z. B. Aufgabe des eigenen Willens, Ekstase, Verzückung, Entrückung, Ausdehnung, Klarheit, Zufriedenheit) zur Erreichung der spirituellen Ziele
- Gotteslob und Prophetenlob
- Lob berühmter Sufi-Lehrmeister

Eines der bis heute populärsten und viel zitierten, auch vertonten sufischen Gedichte stammt aus dem 13. Jh. und ist ein Lob auf den Propheten und den Koran, verbunden mit Kritik an menschlicher Unzulänglichkeit und Religionsferne. Verfasst wurde es von dem berberischen Sufi-Dichter Abū ᶜAbdallāh Muḥammad b. Saᶜīd AL-BŪṢĪRĪ (gest. um 1295 in Alexandria), der lange Zeit in Ägypten lebte. Das Gedicht heißt die „Mantelode" (قَصِيدَة البُرْدَة qaṣīdat al-burda), benannt nach der **Burda** (البُرْدَة al-burda), dem Mantel des Propheten, den AL-BŪṢĪRĪ in einem Traum umgelegt bekam. Weil er überzeugt war, dadurch von einer halbseitigen Lähmung geheilt worden zu sein, dichtete er aus Dankbarkeit das 160 Verse zählende und sich auf den Laut Mīm reimende Lobgedicht, das nachfolgenden Dichtergenerationen immer wieder Impulse gegeben hat und für intertextuelle Verarbeitungen herangezogen wurde. (> 19. Arabische Poesie unter osmanischer Herrschaft) Im Widerspruch zum rationalen und kultablehnenden Wesen des Islams wird der „Burda" in manchen muslimischen Kreisen eine Wunderwirkung nachgesagt. Der Refrain lautet:

مَولَايَ صَلي وسَلِّم دائماً أبداً عَلَى حَبيبِكَ خَيْر الخَلْقِ كُلهم

Herr, segne stets und immerdar Deinen Geliebten, den Höchsten aller Schöpfung.

Typisch für die Sufi-Dichtung ist eine **bildhafte Ausdrucksweise**, um erlebte Erfahrungen in Worte zu fassen. Gängige Vergleichsgegenstände stammen aus dem Bereich der Liebes- und der Weindichtung. Dabei spielen Symbole eine große Rolle, z. B. die Rose, die den spirituellen Weg des Sufis darstellt:

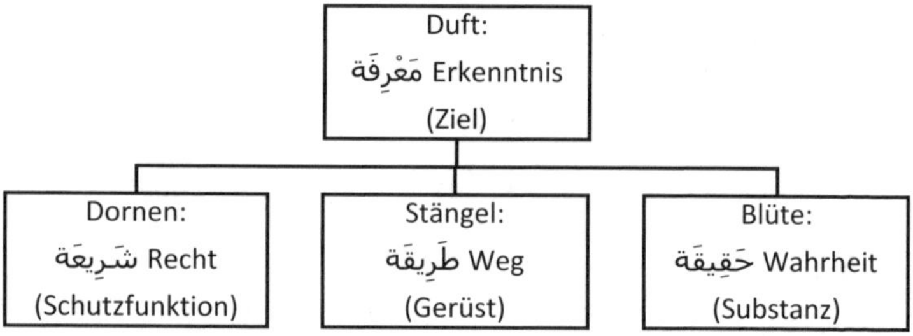

Wegen der Weinmetaphorik waren Sufi-Dichter oftmals heftiger Kritik ausgesetzt. Der Wein steht für die Gottesliebe, der Mundschenk für den Scheich bzw. Lehrmeister und das Glas für den Übermittler der Liebe.
In diesem Sinne sind die folgenden Verse der Sufi-Dichterin RĀBIᶜA AL-ᶜADAWĪYA (gest. 801 in Al-Başra) zu verstehen:

كأسي وخَمْري والنَدِيمُ ثلاثةٌ.. وأنا المُشوقةُ في المَحَبَةِ رَابِعةٌ

Ihrer drei sind Becher, Wein, Trinkfreund zur Stunde Die Liebe suchend bin ich die Vierte im Bunde

كأسُ المسرةِ والنَديم سَاقي المُدامِ عَلَى المَدَى مُتَتَابعة يُديرها..

Ein freudbringender Becher füllt mit Wein den Munde Kredenzt vom Mundschenk für meine kleine Runde

فإذا نُظِرْتُ فَلا أُرىَ إلا لَه إذا حَضَرْتُ فَلا أًرىَ إلا معه

Gleichwohl nur Er bekommt von meinem Anblick Kunde Denn nur Ihm gehöre ich in meines Herzens Grunde

Einer der bekanntesten arabischsprachigen **Sufi-Dichter** ist Abū 'l-Muġīṯ al-Ḥusain b. Manṣūr AL-ḤALLĀĞ, der Sohn eines persischen Zoroastriers, der im 9./10. Jh. in Bagdad wirkte, wo er 922 im Alter von etwa 65 Jahren unter dem Vorwurf der Ketzerei hingerichtet wurde. Sowohl seine radikalen sozialreformerischen Ansichten als auch seine Behauptung أَنَا الحَقّ („Ich bin die absolute Wahrheit“) zur Manifestation seiner Einswerdung mit Gott trugen neben dem wahrscheinlich verleumderischen Vorwurf der betrügerischen Taschenspielertrickserei dazu bei, dass er um das Jahr 912 festgenommen wurde und seine letzten Lebensjahre im Gefängnis verbrachte. Seine Poesie entstand nicht nur in Bagdad, sondern auch unter dem Eindruck von Pilgerfahrten und Reisen nach Zentralasien und Indien. Hier ein Ausschnitt in der Übersetzung von Annemarie Schimmel:

رأَيتُ ربّي بعين قلبِي فقُلْتُ مَن أنْتَ قالَ أنتَ

Ich sah meinen Herrn mit den Augen meines Herzens.
Ich sprach: Wer bist du? Er sagte: Du!

فلَيسَ للأين منك أينٌ ولَيسَ أينٌ بحَيثُ أنتَ

Bei dir hat das Wo kein Wo,
Wo du bist, ist kein Wo

وليس للوهم مِنْكَ وَهمٌ فيعلم الوَهم أين أنتَ

Die Vorstellungskraft hat keine Vorstellungskraft von dir,
Sodass sie wüsste, wo du bist.

أنتَ الذي حُزْتَ كلَّ أينٍ بِنَحو لا أينَ فأينَ أنت

Du bist der, der alles Wo umfasst
Bis hin zum Nichtwo. Wo also bist du?

Etwa zweihundert Jahre später wurde am anderen Ende des Kalifats, nämlich auf der Iberischen Halbinsel, Muḥyī ’d-dīn IBN (AL-)ᶜARABĪ al-Ḥātimī aṭ-Ṭā’ī berühmt. Er studierte Koranexegese in Sevilla, Córdoba und Lissabon. Geistige Impulse bekam er durch die multireligiöse Atmosphäre in Al-Andalus, die Bekanntschaft mit dem Philosophen Ibn Rušd (Averroes) und Reisen durch den Maghreb, nach Kairo, Mekka, Konya und in andere Städte im Osten des Kalifats. Die letzten Lebensjahre verbrachte er in Damaskus, wo er 1240 im Alter von 75 Jahren starb. Mehrere Sufi-Dichterinnen scheinen ihn besonders beeinflusst zu haben. In seinen Dichtungen wird Gott als abstraktes attributfreies Ziel mystischer Anbetung verherrlicht. Hier ein Ausschnitt aus einer seiner berühmtesten und umstrittensten Dichtungen, die seine innere Unabhängigkeit von jeglichem Konfessionalismus zeigt:

لَقَدْ صَارَ قَلْبِي قابِلاً كُلَّ صُورَةٍ   فمَرْعًى لِغِزْلَانٍ ودَيرٌ لِرُهْبانِ

Offenen Blicks mein Herz Gazellenweide und Mönchskloster

وبَيْتٌ لأوثانٍ وكَعبَةُ طَائِفٍ،   وألْوَاحُ توراةٍ ومُصْحَفُ قُرآنِ

Götzentempel und Kaaba-Pilgerziel Thoratafel und Koranseite

أدِينُ بِدِينِ الحُبِّ

Die Liebe mein Credo

Ein angesehener Zeitgenosse IBN ᶜARABĪS war der aus einer sufischen Juristenfamilie stammende ᶜUmar b. ᶜAlī IBN AL-FĀRIḌ, der nach einer Zeit der Erleuchtung im Hedschas sein ganzes Leben in seiner Heimatstadt Kairo wirkte und dort 1235 im Alter von 54 Jahren starb. Neben Liebesgedichten und einem Weinlied enthält sein Diwan das 761 Verse zählende Lehrgedicht „نَظْم السُّلُوك“ (Naẓm as-sulūk, „Die Ordnung des Weges“) über den Weg von der „Göttlichen Geliebten“ bis hin zur Vereinigung mit dem kosmischen Prinzip.

Die klassische sufische Dichtung lebte in **osmanischer Zeit** ab dem 16. Jh. weiter. Berühmt wurde unter anderem ^{c}UMAR AL-YĀFĪ (1759 - 1818) aus Jaffa. Nach einem Zwischenaufenthalt in Nābulus und Gaza beendete er an der Al-Azhar in Kairo sein Studium, bereiste den Nahen Osten und den Hedschas, wirkte anschließend bis kurz vor seinem Tod in Damaskus und starb in Gaza. Er verehrte IBN ^{c}ARABĪ und hatte selbst viele Schüler, denen er unter anderem Folgendes mit auf den Weg gab:

أقُولُ لِأهْلِ اللَهُو والتِيه والحجب   حَذَارِ حَذَارِ أنْ تَمُوتوا علىَ السَلْب

Ich spreche zu all denen, die süchtig sind nach Vergnügen:
Ihr müsst sterben, wenn ihr euch nicht könnt tugendhaft begnügen.

هلموا بِنا كَي نَذْكُر الله جملة   وإلا فكفوا ألْسُن العَذْل والعَتْب

Kommet mit uns, Gott zu gedenken und Ihm zu genügen.
Sonst büßet ihr ein eure Zungen beim Lästern und Lügen.

وسَوفَ تَرَونَ الأمْر حَقًا إذا بَدَت   سَرَائِر كُلّ الخلق في المَوقِف الصَعْب

Alsdann lasset ihr euch gar wohl nicht von denen betrügen,
Die gerad' in schweren Stunden sich nicht demütig fügen.

Sufische Dichtungen sind bis heute populär. In Nordmarokko pflegt man unter anderem das Andenken an MUḤAMMAD AL-ḤARRĀQ (1772 Šafšāwan - 1845 Tiṭwān), im Jemen an ABŪ BAKR AL-^{c}AIDARŪS (1447 Tarīm - 1503 oder 1508 Aden). Unter den zeitgenössischen Sufis, vor allem den Ordensführern, gibt es ebenfalls berühmte Poeten, wie die Sufi-Meister SĪDĪ AL-BŪZĪDĪ BŪĞRĀFĪ (1925 - 2011 Azġanġān) und SAYYID ^{c}ABD AR-RAḤMĀN AŠ-ŠĀĠŪRĪ (1912 Ḥimṣ - 2004 Damaskus).

Manche **modernen arabischen Dichter** übernehmen in ihren weltlichen Gedichten sufische Symbole und beleben die großen Gestalten der islamischen Mystik wieder. Anspielungen auf die göttliche Allpräsenz und der Wunsch nach der Einswerdung mit Gott (التَّوحِيد at-tauḥīd) finden sich nach wie vor in moderner arabischer Lyrik. Sufische Einflüsse lassen sich z. B. im Spätwerk des Irakers ᶜABD AL-WAHHĀB AL-BAYĀTĪ (1926 - 1999) nachweisen, der als einer der ersten arabischen Dichter freie Rhythmen gebrauchte. Aufgrund seiner sozialistischen Weltanschauung musste er unter der Monarchie in den 1950er Jahren den Irak verlassen.

Kontroll- und Vertiefungsaufgaben:

a) Welche Symbole kommen in der Sufi-Dichtung besonders oft vor?
b) Welche mystischen Ziele werden in Sufi-Versen formuliert?
c) Warum stoßen Sufi-Dichter öfter auf Vorbehalte in einer nicht-sufischen Umgebung?

18. Dichtung in Al-Andalus

Al-Andalus wurden die Teile der Iberischen Halbinsel genannt, die muslimische arabische und berberische Eroberer ab 711 beherrschten und erst 1492 wieder gänzlich an die katholischen Könige verloren. Nachdem sich 756 das Emirat von Córdoba unter dem Umayyadenfürsten ᶜAbd ar-Raḥmān I. vom Kalifat abgespalten hatte, nahm dieser Teil der arabisch-islamischen Welt eine relativ eigenständige Entwicklung.

Die günstigen wirtschaftlichen Bedingungen in dem relativ wasserreichen Gebiet und Kontakte mit anderen Teilen Europas ermöglichten Landwirtschaft und Gartenbau, Bergbau, Textilherstellung, Waffenschmieden und Papiermühlen. Die materiellen Reichtümer, aber auch die geistige Aufgeschlossenheit einer multikulturellen Gesellschaft förderten, ähnlich wie in den östlichen Regionen des Kalifats, die Entwicklung von Wissenschaft und Kunst. Allerdings gab es in Al-Andalus wiederum besondere Einflüsse, sodass auch die Kunst nicht nur gut

sichtbar in der Architektur oder im Kunsthandwerk, sondern auch in der Dichtung ganz eigenständige Formen hervorbrachte.

Die Gedichte sind häufig kürzer und weniger kompliziert als in den anderen Teilen des Kalifenreiches, zum Teil sogar nicht in reinem Hocharabisch, sondern mit umgangssprachlichen Einschüben aus dem Katalanischen versehen.
Bei den Stilmitteln zeigen sich viele Parallelen zur ostarabischen Dichtung, obwohl die Forschung derzeit versucht, spezifisch andalusische Merkmale herauszustellen (z. B. in der Naturdichtung größere Dynamik, Dominanz des Lyrischen Ichs, Festhalten an einem durchgehenden sprachlichen Bild).
Die Themen ähneln denjenigen in der ostarabischen Dichtung.

Eine besondere Gattung der arabisch-andalusischen Dichtung ist die **Gartendichtung**, die es zwar auch in den städtischen Zentren Ägyptens, Syriens und Iraks gab, die aber in Andalusien offenbar weniger mit der Lobdichtung auf den Herrscher und seine Paläste und Gärten verbunden war. In Al-Andalus galt der Garten mehr als Rückzugsgebiet des Dichters, wo er fernab von Machtintrigen und heuchlerischer Hofdichtung seinem eigenen Mikrokosmos huldigen konnte. Der berühmte Dichter IBN ḪAFĀĞA (1058 Alcira - 1138 oder 1139 Alcira) suchte nach Lebensenttäuschungen auf seinem Landgut Erfüllung und widmete sich nur noch der paradiesischen Ästhetik seiner Bäume und Blumen in raffinierten poetischen Versen. Im folgenden Gedicht schildert er eine Morgenstimmung, übersetzt von Jahnheinz Jahn:

وَكِمامَةٍ حَدَرَ الصَباحُ قِناعَها عَن صَفحَةٍ تَندى مِنَ الأَزهارِ

Der Morgen hob den Schleier. Bunte Blütenkelche küßten
Ihn lüstern auf die taugesüßten Wangen.

في أَبطَحٍ رَضِعَت ثُغورُ أَقاحِهِ أَخلافَ كُلِّ غَمامَةٍ مِدرارِ

Der Margeriten Lippen sogen dürstend an den Brüsten
Der Wetterwolken, die in Fülle prangen.

نَثَرَت بِحِجرِ الأَرضِ فيهِ يَدُ الصِبا دُرَرَ النَدى وَدَراهِمَ النُوّارِ

Und Euros streute mit vergeudefreud'ger Hand
Tauperlen, Blütenmünzen ins Gelände,

وَقَدِ اِرتَدى غُصنَ النَقا وَتَقَلَّدَت حَليَ الحَبابِ سَوالِفُ الأَنهارِ

Gab jedem Zweig ein rauschendes Gewand
Und legte Glitzerblasen um der Bäche Hals und Hände.

فَحَلَلتُ حَيثُ الماءُ صَفحَةُ ضاحِكٍ جَذلٍ وَحَيثُ الشَطُّ بَدءُ عِذارِ

Dort, wo das Wasser wie ein lächelnd Grübeln war,
Ließ ich mich nieder.

وَالريحُ تَنفُضُ بُكرَةً لِمَمَ الرُبى وَالطَلُّ يَنضَحُ أَوجُهَ الأَشجارِ

Da fuhr der Frühwind in des Hügels Blütenhaar,
Und feiner Regen glitt den Bäumen ins Gefieder.

مُتَقَسِّمُ الأَلحاظِ بَينَ مَحاسِنٍ مِن رِدفِ رابِيَةٍ وَخَصرِ قَرارِ

Ich sah bald auf die Hügel bunt im Flore,
Bald auf die liebliche Gestalt in tiefer Au

وَأَراكَةٍ سَجَعَ الهَديلُ بِفَرعِها وَالصُبحُ يُسفِرُ عَن جَبينِ نَهارِ

Doch über allem stand die stolze Sykomore
Und spielte mit den Tauben hoch im Blau.

Eine typisch andalusische Gedichtform ist der Anfang des 10. Jh. in Mode gekommene Muwaššaḥ bzw. die **Muwaššaḥa**

(möglicherweise < wišāḥ „Doppelgürtel der Frauen"), die es auf Arabisch und Hebräisch gibt. Die arabischen Varianten folgen der arabischen Metrik und bestehen aus vier bis zehn 5-zeiligen Strophen mit dem Reimschema bbbaa cccaa dddaa eeeaa fffaa. Vorangestellt können zwei Einleitungsverse mit dem Schema aa sein, die Badanīya (< بَدَن badan „Rumpf") bzw. der Daur (دَوْر daur, „Runde"). Im Gegensatz zur klassischen Kasside besitzt die Muwaššaḥa keinen Monoreim (Reim auf immer denselben Laut) nach jedem 2. Halbvers, sondern lediglich einen „gürtelartig" durchgehenden Kehrreim (aa) am Ende einer Strophe. Im Kehrreim der letzten Strophe kann die Stilebene wechseln.
Hocharabisch wird von Umgangssprache abgelöst und manchmal dabei auch von altspanischen und/oder romanischen Elementen durchsetzt, zum Teil sogar ganz beherrscht (Code-switching). Dieses „Gedicht im Gedicht" wird **Ḫarğa** (< خَرَجَ ḫaraǧa, „ausgehen", „beschließen") genannt. Es enthält meist eine verführerische, auch spöttelnde Aufforderung oder eine sehnsüchtige Klage aus dem Munde eines jungen Mädchens oder eines Knaben. *Damit gilt die Ḫarğa als frühestes Zeugnis von Dichtung in romanischer Sprache und als Vorläufer der Troubadour- und Minnelieder.*
Einen epischen Charakter weist die **Urğūza** (< رَجَز rağaz, „Gedicht im Metrum Rağaz") auf. Im Mittelpunkt dieser oftmals politisch motivierten Gedichte steht eine Person oder eine Gruppe, die eine historische Leistung vollbracht hat. *Die Urğūza könnte inhaltlich und formal Vorbilder in den ostarabischen Lehrgedichten, besonders den Reimchroniken, haben. Die epischen Züge weisen aber auch auf romanische Einflüsse hin.*
Volksliedhaft präsentiert sich der gänzlich in Umgangssprache gedichtete **Zağal** (< زَجِل zağila, „trällern") mit nach Silbenzahl gegliederten Strophen, bei denen die Reime ver-

schiedenartig kombiniert sein können. Er wurde häufig von Tanz und Chorgesang begleitet. Diese Popularisierung der Dichtung trug dazu bei, dass die arabische Liebeslyrik bis in den germanischen Sprachraum hinein ausstrahlte und für Troubadoure in der Provence und die Minnesänger an Rhein und Donau vorbildhaft wurde.

Auffallend ist die große Zahl von **Frauen**, die selbstbewusste Dichtungen schufen. So schrieb UMM AL-ᶜALĀʻ AL-ḤIĞĀRĪYA (gest. 1050) einem alten Herrn, der um ihre Hand anhielt, folgende Verse, übersetzt von Jahnheinz Jahn:

الشَيبُ لا يُخْدعُ فِيه
Willst du denn mit deinen weißen Haaren
نُصْحِي الصِّبا بحِيلَة فاسْمَع إلى
Noch mein junges Blut erhitzen?
ولا تَكُنْ أجهلَ من في الوَرى
Männer, die so reich an Jahren,
يبيتُ في الجَهْل كَمَا يُضحِي
Sollten mehr Verstand besitzen.

Männer wiederum bewunderten sowohl Geist als auch Schönheit der dichtenden Frauen. Am berühmtesten unter jenen Dichterinnen wurde WALLĀDA bint al-Mustakfī (gest. 1087 oder 1091). Sie soll folgende Verse auf ihr Gewand gestickt haben, übersetzt von Jahnheinz Jahn:

أنا واللهِ أصْلُحُ لِلمَعالِي
Bei Gott, ich bin der größten Dinge fähig
وأمْشِي مِشْيَتِي وأتيهُ تِيهاً
Und gehe stolz nur meinen eignen Weg

وَأمكُن عَاشِقي من صَحْن خَدّي

Den Liebenden soll'n meine Grübchen laben

وأعْطي قُبْلَتِي مَن يَشْتَهيها

Und wer sie wünscht, soll meine Küsse haben

In Córdoba unterhielt WALLĀDA einen eigenen literarischen Salon, in dem sie sich als unabhängige Dame der Gesellschaft präsentierte, die sowohl die gängigen Kleidervorschriften als auch herrschende Moralvorstellungen ignorierte. Mit dem Dichter Abū 'l-Walīd Aḥmad IBN ZAIDŪN al-Maḫzūmī (gest. 1071) hatte sie eine unglücklich endende Affäre. Der verlassene IBN ZAIDŪN dichtete daraufhin die berühmte „Nūnīya" (نُونِيَّة, Kasside auf den Reimlaut Nūn), in der er sein tragisches Schicksal beklagte, für das er nicht seine Geliebte, sondern egoistische Intriganten verantwortlich machte.
Die folgende Liebeserinnerung des IBN ZAIDŪN, übersetzt von Adolf Friedrich von Schack, weist ähnliche Topoi auf wie das mehr als hundert Jahre später entstandene Minnelied von Heinrich von Morungen (gest. um 1220 im Leipziger Thomaskloster):

Heinrich von Morungen	**Ibn Zaidūn**
Owé, sol aber mir iemer mé *Geliuhten dur die naht*	ودِّع الصَّبْر محِّب ودَّعَك ذائِعاً من سرّه ما استودَعكْ
Ach wird mir noch oft das Bild vor Augen stehen,	Schwester du des Monds an Helle, Strahlend du und hehr wie er,
Noch wízer danne ein sné *Ir lip vil wohl geslaht?*	يقَرُع الِسَّن على أن لَم يكُن زادَ في تِلك الخُطَا إذ شَيَّعَك
Wie ihr berückender Körper, Weißer glänzend als Schnee,	Daß ich wieder dich erblicken Möge, gebe Gott der Herr!

Der trouc diu ougen mín
Ich wánde, ez solde sín
Durch die Nacht strahlt?
Er hat meine Augen
geblendet.
Des liehten mánen schin
Dó tagte ez.
Ich glaubte, das Licht
Des leuchtenden Mondes zu
sehen.
Da kam der Tag herauf.

يا أخَا البدر سَناءً وسَنًى حَفِظَ
اللهُ زَماناً أطلَعك
Lang nun dünken mich die
Nächte
Und ich klage Nacht für Nacht,
إن يطُل بَعدَك ليَلِى فلَكَم بِتُّ
أشكُو قِصَرَ اللَّيلِ مَعَك

Daß so kurz nur jene waren,
Die ich einst mit dir verbracht.

Kontroll- und Vertiefungsaufgaben:

a) Welche Eigenheiten weist die Dichtung in Al-Andalus im Vergleich zur übrigen arabischen Dichtung auf?
b) Auf welchen Laut reimen sich die Verse in dem oben zitierten Gedicht von IBN ḪAFĀĞA?
c) Welche Rolle spielten die andalusischen Dichter innerhalb der europäischen Dichtung?

19. Arabische Poesie unter osmanischer Herrschaft

Nach traditioneller Ansicht europäisch- und teilweise auch arabischsprachiger Geschichts- und Literaturwissenschaftler erlebte die arabische Welt vom 13. bis ins 19. Jh. hinein eine wirtschaftliche und kulturelle Stagnation, auf Arabisch als „Zeitalter des Niedergangs" (عَصْرُ الانْحِطَاط ᶜaṣr al-inḥiṭāṭ) bezeichnet. Es begann mit der Verwüstung Bagdads durch mongolische Reitervölker im 13. Jh. und der schrittweisen Rückeroberung der Iberischen Halbinsel durch die katholischen Könige bis zum 15. Jh. Darauf folgte im 16. Jh. die großflächige Besetzung des Kalifats durch osmanische Eroberer.
Entgegen solch weitverbreiteter Klischees erlebte die arabische Dichtung unter der osmanischen Herrschaft wahrscheinlich doch keinen Niedergang, um erst im 19. Jh. unter dem europäischen Kolonialismus in der sogenannten Nahḍa (النَّهْضَة, „Renaissance", „Wiedergeburt") wiederbelebt zu werden. Die literarische Produktion jener Epoche ist lediglich wesentlich weniger aufgearbeitet und erforscht als diejenige der vorausgegangenen Epochen arabischer Dichtung, sodass über Menge und Qualität noch keine allgemeingültigen Aussagen getroffen werden können.
Auch wenn mancherorts das Hocharabische vom Türkischen insbesondere aus dem Verwaltungsapparat verdrängt wurde, behielt es dennoch seine ungebrochene Bedeutung als Sprache des Islams und auch als künstlerisches Ausdrucksmittel. Nicht nur die zahlreichen religiösen Dichtungen wurden weiterhin auf Arabisch verfasst.
Die Verehrung des Arabischen zeigte sich außerdem in der stark elitären neuen Dichtungsform der **Badīᶜīya** (البَدِيعِيَّة). Sie hat ihren textuellen Ursprung in der „Mantelode" (قَصِيدَة البُرْدَة qaṣīdat al-burda, < البُرْدَة al-burda, [Bezeichnung des Prophetenmantels]), AL-BŪṢĪRĪs Preisgedicht auf den

Propheten, und spielt darauf intertextuell immer wieder an. (> 17. Sufische Dichtung) Mehr noch zielt allerdings eine Badīᶜīya darauf ab, arabische Stilformen in raffinierter sprachlicher Realisierung vorzuführen und diese teilweise sogar mit ihren wissenschaftlichen Bezeichnungen zu erwähnen, ohne als bloßes Lehrgedicht zu gelten. Eine Badīᶜīya erhebt immer den Anspruch, ein literarisches Kunstwerk zu sein, und wendet sich deshalb Inhalten zu, die sich vordergründig nicht auf das Thema Sprache beziehen.

Als Begründer der Badīᶜīya gilt Ṣafī 'd-Dīn AL-ḤILLĪ aṭ-Ṭā'ī as-Sinbisī (gest. um 1350 in Bagdad), der in Anlehnung an AL-BŪṢĪRĪ und aus demselben Grund wie jener ein Prophetenlobgedicht verfasste. Es diente nebenbei oder auch in erster Linie dazu, in 145 Versen 151 Stilfiguren vorzuführen. Diese Gedichtform wurde in ähnlichem Umfang die folgenden sechs Jahrhunderte weiter gepflegt.

Berühmt wurde Aḥmad AL-BARBĪR AL-BAIRŪTĪ (1748 - 1811), der mit seiner Badīᶜīyā und auch durch die populäre Gedichtform der Makame (مَقَامَة maqāma) dazu beitrug, seine Wirkungsstätte, Beirut, zu einem Zentrum intellektuellen Schaffens zu machen.

Später folgte ihm sein Landsmann NĀṢĪF AL-YĀZIĞĪ (1800 Kafr Šīmā - 8.2.1871 Beirut). In den folgenden Anfangsversen einer Badīᶜīya von NĀṢĪF AL-YĀZIĞĪ, übersetzt von Thomas Bauer, dominieren verschiedene Arten des Wortspiels:

عاجَ المتيَّمُ بالأطلالِ في العَلَمِ فأبرَعَ الدَمعُ في استهلالِهِ العَرِمِ

Der Sklave der Liebe macht halt bei den Spuren des Lagers in al-'Alam - da bewährten sich die tüchtigen Tränen in ihrem heftigen Erguss

دَمعٌ جَرَى عن دَمٍ أو عَنْدَمٍ خَضِلٍ يَسْقي الرِّكابَ ولكنْ لَيسَ بالشَبِمِ

Nasse Tränen fließen aus Blut oder Drachenblut und begießen die Reittiere, doch bieten sie keinen erfrischenden Trank.

حَيٌّ عَلَى حيِّ مَيٍّ مَيّتٌ لَحِقتْ بذَيلِها نَفسُهُ لو تَمَّ رِيٌّ ظَمِي

Ein Lebendiger, am Stamme Maiyas gestorben, die noch seine Seele nachzöge, würde der Durst eines Dürstenden endlich gestillt,

يَصبُو على الذِّكرِ سُكراً كيفَما ذُكرتْ لهُ فقد أنَّ أنَّى اشتُقَّ لَفْظُ فَمِ

der trunken nach einer Nennung ihres Namens - welcher Art auch immer -schmachtet und schon stöhnt, wo immer ein Wort aus einem Munde herkommt.

ما لي ألفِّقُ صُحْفَ العُذرِ في طَرَفٍ من غَدْرِ مَن فيهِ
مالي لاَ يَفي بدَمي

Warum nur hecke ich blätterweise Entschuldigungen aus für den Gipfel an Treulosigkeit einer Person, die Schuld hat, dass mein ganzes Vermögen das von mir vergossene Blut nicht mehr aufwiegen kann?!

قد أطلقَ اللحظَ في لفظٍ يُحرِّفُهُ فراحتِ الرُوحُ بينَ الكَلْمِ والكَلِمِ

Einen wortverdrehenden Ausspruch begleitete sie mit einem Blick, sodass sich mein Geist zwischen Wörtern und Wunden verfing.

وَقَى وَقَدْ وَقَدَ الأحشاءَ سِرَّ هَوىً بها ليرفُو بِلَى الأطماعِفي الذِمَمِ

Sie hütete, nachdem sie die Eingeweide in Brand gesetzt hatte, darinnen das Geheimnis einer Liebe, um die Löcher zu stopfen, die die Begierde in die Vertragsverpflichtungen gerissen hatte.

من دُرِّ دُرْدُرِ ثَغرٍ طابَ مَرشَفُهُ كَم سَالَ سَلْسالُ دَمعٍ فِيهِ مُرتكمِ

Perlen hinter süßen Lippen, die aus dem Zahnfleisch unter einer Schneidezahnreihe wachsen - wie viel Tränensüßwasser, das sich darin angesammelt hatte, ist nicht ihretwegen vergossen worden!

Die **Themen** der Dichtung in osmanischer Zeit waren vielfältig. Gesellschaftliche Neuerungen (z. B. Kaffeegenuss) fanden genauso Eingang wie politische und historische Entwicklungen. Die Niederlage Napoleons vor ᶜAkkā z. B. reflektiert

ein episches Gedicht des aus Beirut stammenden ᶜABD AL-LAṬĪF FATḤ ALLĀH (gest. 1844).
Ungebrochener Aktualität erfreuten sich Liebes- und Trauergedichte. Außerdem dichtete man Chronogramme und Rätsel sowie Glückwunsch- bzw. Kondolenzgedichte zu unterschiedlichsten Anlässen, wie Geburten und Todesfällen, Festlichkeiten (z. B. Beschneidung, Hochzeit, Rückkehr von der Pilgerfahrt), privaten und beruflichen Erfolgen, kommunalen Ereignissen (z. B. Eröffnung einer Schule) usw. Neben dem Hocharabischen verwendete man auch arabische Dialekte.
Chronogramme gab es schon im 13. Jh., aber erst in osmanischer Zeit erlebten sie eine Blütezeit. Oftmals wurden die Zahlenwerte der Buchstaben (z. B. ء = 1, ن = 50, ر = 200) eines Verses addiert und ergaben damit eine Jahreszahl (islamischer Zeitrechnung für Muslime oder n. Chr. für Christen). Die folgenden Verse von NĀṢĪF AL-YĀZIĞĪ, übersetzt von Thomas Bauer, enthalten neben dem direkten Zahlenrätsel im letzten Vers noch 28 Chronogramme aus der Summe der punktierten beziehungsweise auch der unpunktierten Buchstaben eines jeden Halbverses. Daraus ergibt sich 624, die Hälfte des Jahres 1248 islamischer Zeitrechnung. In diesem Jahr (= 1832 n. Chr.) eroberte Ibrāhīm Pascha die Stadt ᶜAkkā:

في فَتْح عكّا بَرْدُ نَارِ مَعَاطبِ   دَار الخَلِيل ولَلدِيَار بِهِ البُكاء

Durch die Eroberung ᶜAkkās wird das Feuer in Orten des Verderbens gekühlt:
in der ‚Wohnstatt des Freundes', und in den anderen Gebieten weint man darüber.

رَأسَ الثَمَاني وأرْبَعِينَ بطَيّهِ   مِئَتَانِ مَع ألْفِ فَبَارَكَ رَبُّكَ

Am Anfang von Acht und von Vierzig mit Zweihundert, zusammen mit Tausend
– Der Herr spende Segen!

Eine besondere Form arabischer Dichtung jener Epoche waren die in hebräischer Schrift niedergelegten Gedichte auf Judäo-Arabisch. Besonders berühmt wurde damit der jemenitische Poet ŠĀLŪM B. YŪSUF AŠ-ŠABBĀZĪ (1619 Aṣ-Ṣaᶜīd - 1720 Taᶜizz).

Nach wie vor wurden Gedichte gern gesungen vorgetragen. Die Liedtexte mit Angaben zu Verfassern, Sängern und Melodien wurden in Büchern festgehalten, wie z. B. in der berühmten **Liedersammlung** des Ibn ᶜAbdallāh Muḥammad b. al-Ḥusain AL-ḤĀʻIK aus dem marokkanischen Tiṭwān im Jahre 1789. (> 27. Dichtung und Musik)

Kontroll- und Vertiefungsaufgaben:

a) Welche gesellschaftlichen Neuerungen könnten in osmanischer Zeit Eingang in die arabische Dichtung gefunden haben?
b) Inwiefern bewahrten die Dichter der osmanischen Epoche klassische arabische Stilmittel?

20. Die Wirkung der arabischen Dichter auf Europa

Einschneidende historische Ereignisse wie die Kreuzzüge führten genauso wie wirtschaftliche und kulturelle Kontakte in friedlicheren Zeiten dazu, dass die europäische Kultur im Mittelalter etliche Inspirationen von der hochentwickelten arabischen Wissenschaft und Kunst bekam. Der Kulturtransfer erfolgte unter anderem auf Handels- oder Pilgerrouten, auf Kriegspfaden sowie durch reisende Gelehrte und Künstler. Hinzu kamen zahlreiche lateinische Übersetzungen aus dem Arabischen, die besonders die Etablierung von wissenschaftlichen Zentren in Europa begünstigten.

Besonders bekannt wurde der Stauferkaiser Friedrich II. (1194 - 1250), der das Arabische und einige andere Sprachen beherrschte und an seinem Hof in Sizilien christliche, jüdische und muslimische Gelehrte versammelte, arabische philosophische Texte ins Lateinische übertragen ließ sowie mit seinem Dichterkreis kulturelle und literarische Einflüsse aus Südfrankreich und dem Kalifat kreativ mit normannischen und griechischen Traditionen verband.

Arabische Einflüsse weist die Dichtung am auffälligsten im **Minnesang** auf, der im germanischen Sprachraum ab dem 12. Jh. in höfischen Kreisen berühmte Dichter hervorbrachte. Ebenso wie schon die arabischen Vorgänger trugen sie ihre Werke mündlich vor und legten großen Wert auf die Formgestaltung, Klangwirkung und reizvolle Stilmittel. Inhaltliche Parallelen finden sich in Motiven, in denen der Dichter bereit ist, seiner Angebeteten demütig zu dienen, das Liebesgeheimnis zu hüten und Hürden zu überwinden, die Wächter, Neider, Nebenbuhler oder Missgünstige auftürmen. Während allerdings die arabische Liebeslyrik schon damals eine jahrhundertealte Tradition hatte, bedeutete der Minnesang eine Neuerung, die mit der Überwindung des bis dahin in der

Dichtung propagierten christlich-asketischen Lebensideals einherging. Wie die arabischen Dichter entdeckten die Minnesänger nun auch die weibliche Erotik. Analog zu andalusischen Vorbildern erhoben sie sogar die Frau über den Mann und priesen individuelle Leidenschaften und freie Partnerwahl.
Als Europa im Zuge der **Renaissance** eine enorme Entwicklung vollzog, blickten vor allem Künstler noch immer romantisierend in den Orient, der bis dahin mit seiner hochentwickelten Zivilisation eine starke Anziehungskraft besessen hatte. Man hatte besonders von den Erkenntnissen arabischer Wissenschaftler profitiert und sich in der Kunst über Umwege mehr oder weniger bewusst von arabischen Vorbildern beeinflussen lassen. Einige Jahrhunderte später wurden im Zuge der **Aufklärung** ganze Gedichtsammlungen aus dem Arabischen in verschiedene europäische Sprachen übersetzt und damit einer breiteren Öffentlichkeit zugänglich.

Im deutschen Sprachraum machten sich Übersetzer wie Joseph Freiherr von Hammer-Purgstall (1774 - 1856) und Friedrich Rückert (1788 - 1866) besonders verdient. Gleichzeitig erschienen im 19. Jh. von bekannten europäischen Autoren Gedichte, die genauso wie manche Musikstücke oder Gemälde von romantischen Vorstellungen über den sogenannten Orient inspiriert wurden. Johann Wolfgang von Goethe (1749 - 1832) und Heinrich Heine (1797 - 1856) sind zwei Beispiele deutscher Dichter, die sich offen für orientalische Einflüsse zeigten und unter anderem das Motiv der platonischen Liebe verarbeiteten.
(> 16. Klassische Liebesdichtung)

Goethe: in „West-östlicher Divan“, Abschnitt „Rendsch Nameh - Buch des Unmuths“ (1819)

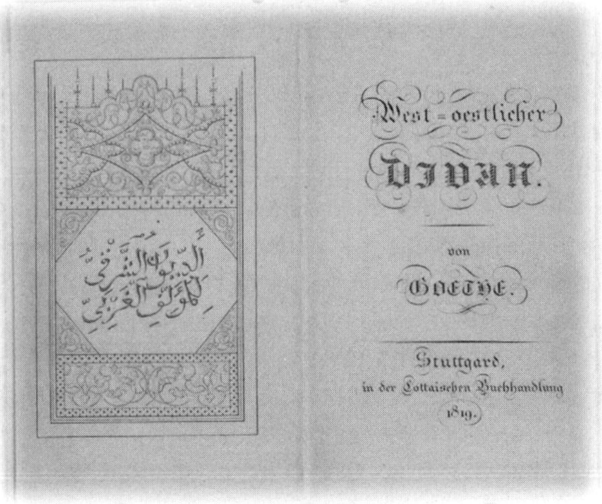

Medschnun heißt - ich will nicht sagen,
Dass es grad ein Toller heiße;
Doch ihr müsst mich nicht verklagen,
Dass ich mich als Medschnun preise.

Wenn die Brust, die redlich volle,
Sich entladet, euch zu retten,
Ruft ihr nicht: „Das ist der Tolle!
Holet Stricke, schaffet Ketten!?“

Und wenn ihr zuletzt in Fesseln
Seht die Klügeren verschmachten,
Sengt es euch wie Feuernesseln,
Das vergebens zu betrachten.

Heinrich Heine: „Der Asra“ (1851)

Täglich ging die wunderschöne
Sultantochter auf und nieder
um die Abendzeit am Springbrunn,
wo die weißen Wasser plätschern.

Täglich stand der junge Sklave
um die Abendzeit am Springbrunn,
wo die weißen Wasser plätschern,
täglich ward er bleich und bleicher.

Eines Abends trat die Fürstin
auf ihn zu mit raschen Worten:
„Deinen Namen will ich wissen,
deine Heimath, deine Sippschaft.“

Und der Sklave sprach: „Ich heiße Mohamet
und bin aus Yemen,
und mein Stamm sind jene Asra,
welche sterben, wenn sie lieben.“

In der modernen deutschen Dichtung sind eher fernöstliche Vorbilder (z. B. die Gedichtform des Haiku) als arabische Einflüsse nachweisbar. Eine besondere Form hingegen bildet die deutschsprachige Dichtung arabischer Künstler, die eigene Traditionen einfließen lassen, wie z. B. ornamentale Sprachbilder, gehäufte Antithesen, spezifische Anspielungen, raffinierte Wortspiele. (> 24. Politische Dichtung seit dem 20. Jh.)

Kontroll- und Vertiefungsaufgaben:

a) Welche historischen Entwicklungen förderten seit dem 12. Jh. arabische Einflüsse auf die europäische Kultur?
b) Suchen Sie Beispiele für europäischsprachige Dichtung, bei der sich arabische Vorbilder nachweisen lassen!

21. Die Entwicklung der modernen arabischen Poesie

Eine neue Epoche der arabischen Dichtung mit veränderten Formen und Inhalten brach Mitte des 20. Jh. an. Als avantgardistisch galt zunächst besonders die irakische Poesie. Die Künstler ließen sich von ihrem Nationalstolz leiten, waren aber auch offen für Einflüsse aus Europa und Amerika. Die Originaltexte und die arabischen Übersetzungen der Werke großer Dichter wie T. S. Eliot, Stéphane Mallarmé, Rainer Maria Rilke oder Pablo Neruda waren besonders inspirierend. Modernismus und Symbolismus zeigten ihre Wirkung.
Bereits seit den 1920er Jahren war europäische Dichtung in Strophenform nach dem Muster christlicher arabischer Hymnen ins Arabische übertragen worden. Besonders libanesische Dichter verfassten in dieser Art auch Schullieder. Dennoch bewahrte man zunächst das klassische Erbe. In der 2. Hälfte des 19. Jh. begründete MAḤMŪD SĀMĪ AL-BĀRŪDĪ (1838 oder 1839 - 1904) in Ägypten eine sogenannte neuklassische Dichtung, die sich in ihrer Form stark an den klassischen Vorbildern orientierte, inhaltlich jedoch aktuelle Bezüge aufwies. Einen Schritt weiter ging ḪALĪL MAṬRĀN (1872 - 1949), der aus dem Libanon stammte und in Ägypten lebte. Er durchbrach die Grenzen des Verses und der Metrik und betrachtete nach europäischem Vorbild nicht den Einzelvers, sondern das gesamte Gedicht als ästhetische und inhaltliche Einheit.
Ganz neue Impulse kamen von der englisch- und französischsprachigen lyrischen Prosa, sodass Anfang des 20. Jh. in Zeitungen arabische **Prosagedichte** (شِعْر مَنْثُور šiᶜr manṯūr) veröffentlicht wurden. Die starke Rhythmik dieser Poesie basiert auf inhaltlichen und stilistischen Wiederholungen. Berühmter Vertreter dieser neuen Gattung war der Libanese ĞIBRĀN

ḪALĪL ĞIBRĀN (1883 - 1931), der in Amerika lebte und mehr durch seine englischsprachigen Werke bekannt geworden ist. Zur selben Zeit führte der irakische Dichter ĞAMĪL ṢIDQĪ AZ-ZAHĀWĪ (1863 - 1936) den **Blankvers** (شِعْر مُرْسَل šiᶜr mursal) ein, bei dem zwar die Metrik gewahrt, aber auf den Reim verzichtet wurde und außerdem der Vers nicht, wie es in der klassischen Dichtung der Fall war, ein abgeschlossenes Ganzes bildete. Allerdings konnte er sich nicht durchsetzen. Relativ einzigartig blieb er auch mit seinem über 400 Verse zählenden Epos.

Erste Versuche, nach dem Vorbild des europäischen „free verse" zu dichten, gab es vor allem in Ägypten schon nach dem Ersten Weltkrieg. Populär wurde diese Art der Dichtung allerdings erst Mitte des 20. Jh. mit den einflussreichen lyrischen Neuerungen von NĀZIK AL-MALĀ'IKA (1922 oder 1923 - 2007) und BADR ŠĀKIR AS-SAYYĀB (1926 - 1964).

(> 22. Freie Rhythmen contra klassische Kasside)

In der **Sprache der modernen arabischen Dichtung** werden klassische Stilmittel wie Sprachbilder, Parallelismen, Anspielungen, Antithesen, Wortspiele und vieles mehr bewahrt, auch wenn gleichzeitig neuartige Symbole oder Topoi aus nichtarabischen Literaturen erscheinen. Ein vollkommener Verzicht auf die klassischen ästhetischen Normen findet sich weniger häufig.

Religiöse Begriffe und Redewendungen oder Motive aus der orientalischen und antiken Mythologie werden in neuen Kontexten verfremdet. Manche Dichter produzieren surrealistische Texte. Der intellektuelle Anspruch solcher Dichtung führt oftmals dazu, dass die Verfasser, wie z. B. der Syrer ADŪNĪS (geb. 1939), nicht solch große Popularität genießen können wie andere, die eine allgemein verständliche Lyrik anbieten, wie der Syrer NIZĀR QABBĀNĪ (1923 - 1998). Deshalb gibt es auch immer wieder Versuche, im Dialekt zu dichten. (> 23. Dialektdichtung) Vertont und durch audiovisuelle Medien populär gemacht, kann sich solche Dialektdichtung durchaus etablieren. (> 27. Dichtung und Musik)

Ein typisches Beispiel für die neuartige Sprache der modernen arabischen Dichtung sind die folgenden Verse des international stark beachteten syrischen Dichters ADŪNĪS, der seit 1985 in Paris lebt und in seiner intellektuell geprägten Lyrik mitunter Topoi aus der orientalischen oder der antiken Mythologie in symbolischer Bedeutung verarbeitet:

إلى سِيزِيف

An Sisyphus

أَقْسَمْتُ أنْ أكْتُبَ فوَق المَاءْ

Schwor, auf Wasser zu schreiben

أقْسَمْتُ أنْ أحْمل مَعَ سِيزِيفْ صخرتَه الصمّاءْ

Schwor, Sisyphus‘ massiven Fels mitzutragen

أقْسَمْتُ أنْ أظلّ مع سيزيفْ

Schwor, bei Sisyphus zu bleiben

أخضعُ لِلحُمّى وللشرارْ

Zu ertragen Fieber und Funken

أبْحَثُ في المَحَاجِرِ الضَرِيره

Zu suchen in blinden Augenhöhlen

عن ريشةٍ أخيره

Eine letzte Feder

تَكْتُبُ للعَشب وللخَريفْ

Die schreibt ans Gras und den Herbst

قَصيدةَ الغبارْ...

Das Gedicht des Staubes -

أقْسَمْتُ أنْ أعِيشَ مَعَ سِيزِيف.

Mit Sisyphus zu leben, hab ich geschworen.

Rascher als die Form der Gedichte änderte sich der **Inhalt**. Seit dem 19. Jh. bezog man sich zunehmend auf aktuelle gesellschaftliche und politische Ereignisse oder auf neue technische Errungenschaften. Patriotische Heimatdichtungen erschienen ebenfalls. Traditionelle Themen wie Liebes- und Naturschilderungen lebten allerdings parallel weiter. Insgesamt wurde die Dichtung individueller und emotionaler. Dennoch lässt sich in manchen modernen Gedichten (z. B. „Die Regenhymne“ von BADR ŠĀKIR AS-SAYYĀB) die klassische inhaltliche Dreiteilung der Kasside in erotische Einleitung, Reisemotiv und Zweck nachweisen.
(> 3. Sprache und Struktur der altarabischen Dichtung)
Besonders in den 1950er und 1960er Jahren wurden säkulare Ideen mit dem Anspruch auf Heiligung verbreitet. Das oben zitierte Gedicht von ADŪNĪS erhält durch den Bezug auf die antike Mythologie und seine pathetischen, ultimativen Aussagen einen sakralen Tonfall.
Im Gegensatz zur zwar stereotypisierten, aber themenreichen klassischen Dichtung wird die moderne arabische Lyrik von zwei Schwerpunkten dominiert: **Politik und Liebe**. Die Ausformung ist dabei sehr individuell. Weitere Themen (z. B. soziale, philosophische oder religiöse Fragestellungen) fließen entweder in diesen Bereich ein oder finden bisweilen eine eigenständige Verarbeitung. Einen Schwerpunkt bildet

auch die Suche nach der persönlichen und der kollektiven/arabischen Identität. In der gesamten arabischen Welt populär wurde die palästinensische Dichtung angesichts des seit 1948 bestehenden Nahostkonfliktes und des damit verbundenen Themas des Heimatverlusts. Sie wies zunächst ausgesprochen politisch-propagandistische Inhalte auf, öffnete sich aber, besonders dank ihres berühmtesten Vertreters MAḤMŪD DARWĪŠ (1941 oder 1942 - 2008), seit den 1970er Jahren tiefgründigen existenziellen Fragen.
In Inhalt, Struktur und Sprache folgt die moderne arabische Dichtung zwar teilweise klassischen Vorbildern, kann aber auch zahlreiche Neuerungen aufweisen. Eine auffällige Parallele zeigt sich jedoch im **Umfang der Gedichte**. Wie die klassischen Kassiden haben auch moderne Gedichte mitunter mehrere Dutzend Verse, sodass sie in Veröffentlichungen oder bei mündlichen Präsentationen nicht immer vollständig zitiert werden.
Mit der Verbreitung von Printmedien seit dem 19. Jh. erreichen die Künstler ein ständig wachsendes Publikum. Hinzu kommen seit Mitte des 20. Jh. audiovisuelle **Präsentationsmöglichkeiten**, wodurch Klang und Vortragskunst besondere Aufmerksamkeit erfahren. Gedichtrezitationen werden gern mit klassischer europäischer oder arabischer Musik untermalt oder von vornherein gesungen, wobei manchmal Dichter und Sänger gemeinsam auftreten. (> 27. Dichtung und Musik)
Arabische Dichter haben öffentliche Auftritte im Rahmen von Lesungen, auf Festivals, bei vielfältigen kulturellen oder politischen Veranstaltungen oder auch im Radio und Fernsehen. Es gibt mehrere Sendungen, besonders in den Golfstaaten, wo auch Laiendichter populär werden können. Außerdem finden sich im Internet nicht nur entsprechende Videos, sondern auch zahlreiche arabische Lyrikblogs und

Ähnliches, die Gedichte von klassischen oder zeitgenössischen Dichtern verbreiten.
In der nunmehr rückläufigen Briefkultur wurden oftmals eigene Dichtungen oder Verse von bekannten Dichtern zitiert. Gegenwärtig werden häufiger Lyriklinks verschickt. Selbst in Sachbüchern, in wissenschaftlichen Vorträgen oder allgemeinen Ansprachen kann es vorkommen, dass klassische Dichterverse zitiert werden, die der Verfasser oder Redner als thematisch relevant ansieht.

Kontroll- und Vertiefungsaufgaben:

a) Welche gesellschaftlichen Entwicklungen führten zu einer Erneuerung der arabischen Poesie?
b) Wodurch unterscheidet sich das Gedicht „An Sisyphus" des syrischen Dichters ADŪNĪS von der klassischen Kasside?
c) Recherchieren Sie im Internet verschiedene Präsentationsmöglichkeiten arabischer Dichtung!

22. Freie Rhythmen contra klassische Kasside

Seit mindestens tausend Jahren streiten sich arabische Wortkünstler und Sprachwissenschaftler um die Vorzüge von Lyrik und Prosa. Die Befürworter der ungebundenen Ausdrucksweise behaupten, dass die formale Enge der Dichtung dazu führe, nicht alles inhaltlich adäquat ausdrücken zu können. Abgesehen von den besonders in Al-Andalus populären Gedichtformen Muwaššaha und Zağal sind erste bekannt gewordene Ansätze, die starren Formen aufzulösen, erst im 17. Jh. im Irak unternommen worden. Dort war zeitweise die **al-Band-Poesie** (< البَنْد al-band, „Absatz") modern, bei der mit einem freien Reimschema von den 16 arabischen Versmaßen nur zwei, nämlich Ramal und Hazağ, benutzt und mitunter auch gemischt wurden.
Auch in Europa befreiten sich seit dem 18. Jh. besonders deutschsprachige Lyriker (Friedrich Gottlieb Klopstock, Novalis) sowie französisch- und englischsprachige Dichter von den traditionellen Mustern, indem sie „freie Rhythmen", „vers libres" bzw. „free verses" einführten, also reimlose, metrisch ungebundene Verse mit beliebiger Silbenanzahl, die dennoch einen bestimmten Rhythmus aufweisen. Die arabischen Lyriker ließen sich davon inspirieren und experimentierten ebenfalls mit neuen Formen. Die Bezeichnung für diese moderne Art der Dichtung übernahmen sie mit dem Begriff **„freie Dichtung"** (الشِّعْر الحُرّ aš-šiᶜr al-ḥurr). Wirklich erfolgreich dichteten sie allerdings erst ab Mitte des 20. Jh. unter Aufgabe des Monoreims, der feststehenden Metren und der Zweiteilung des Verses.
(> 21. Die Entwicklung der modernen arabischen Poesie)

Den Durchbruch brachten NĀZIK Al-MALĀ'IKA und BADR ŠĀKIR AS-SAYYĀB im Jahre 1947. Die irakische Dichterin NĀZIK AL-MALĀ'IKA wurde 1922 oder 1923 in einer wohlhabenden Bagdader Familie geboren, arbeitete 1970-1990

als Professorin für Literatur in Kuwait und lebte anschließend bis zur ihrem Tod am 20.6.2007 in Ägypten. Noch bevor sie in den 1950er Jahren in den USA ihr bereits in Bagdad abgeschlossenes Pädagogik-Studium in der Fachrichtung Vergleichende Literaturwissenschaft fortsetzte, veröffentlichte sie am 1.12.1947 das erste berühmt gewordene arabische Gedicht in freien Rhythmen „الكُولِيرَا" („Die Cholera"), das die im Herbst desselben Jahres in Ägypten ausgebrochene Cholera-Epidemie zum Thema hat:

سكَن الليلُ
Nacht ist's
أصغ إلى وَقْع صَدَى الأنّاتْ
Hör' nur! Des Stöhnens Echo
في عُمْق الظلمةِ, تَحْتَ الصَمْتِ, علىَ الأمْواتْ
In tiefster Finsternis oben Stille, unten Tote
صَرخَاتٌ تعلو, تضطربُ
Schreie zerreißen die Luft
حزنٌ يتدفقُ, يلتهبُ
Trauer brennt und macht sich breit
يَتعثّر فيه صَدى الآهاتْ
Ihr entringt sich ein Echo und weint

في كل فؤادٍ غليانُ
In jedem Herzen ein Brodeln
في الكوخِ السَاكِنِ أحْزانُ
In der Hütte stilles Leid
في كل مكانٍ روحٌ تصرخُ في الظُلُمات
Überall finst‘re Seelenschreie
في كلِّ مَكانٍ يَبْكِي صَوتْ
Überall eine Stimme, die weint
هذا ما قَد مَزّقَهُ المَوتْ
Das ist’s, was der Tod zerriss
الموتُ الموتُ الموتْ
Tod, Tod, Tod
يا حُزْنَ النِيلِ الصَارخِ مِما فعلَ المَوتْ
Oh Niltrauer, brüllst vor Tod und Verderben
طَلَع الفجرُ
Dämm’rung ist’s
أصَغِ إلى وَقْع خُطَى المَاشين
Hör‘ nur! Vorüberhallende Schritte
[...]
المَوتُ المَوتُ المَوتْ
Tod, Tod, Tod
في شخص الكوليرا القاسي ينتقمُ المَوتْ
Grausame Cholera des Todes Rache
الصمتُ مريرْ
Die Stille tut weh so sehr

لا شـيءَ سوى رجْعِ التكبيرْ

Gott ruft dort irgendwer

حتّى حَفّارُ القبر ثَوَى لم يبقَ نَصِيرْ

Der Totengräber hat keinen Gehilfen mehr

الجامعُ ماتَ مؤذّنُهُ

Der Gebetsrufer, tot ist er

الميّتُ من سيؤبّنُهُ

Wer nur bringt den Toten fort, wer?

لَم يَبْقَ سِوى نَوْحٍ وزفيرْ

Nichts blieb als Klagen und ein Seufzen leer

الطفلُ بلا أمٍّ وأبِ

Das Kind ohne Mutter und Vater

يَبكي من قَلْبٍ مُلْتهِبِ

Weint aus brennendem Herzen schwer

وغدًا لا شكَّ سيلقفُهُ الداءُ الشرّيرْ

Morgen wird‘s von der Pestilenz gepackt

يا شبَحَ الهيْضة ما أبقيتْ

Oh schonungsloses Choleragespenst

لا شـيءَ سوى أحزانِ الموتْ

Nichts als Todestrauer

الموتُ, الموتُ, الموتْ

Tod, Tod, Tod

يا مصرُ شعوري مزَّقَهُ ما فعلَ الموتْ

Oh Ägypten, mein Empfinden
zerrissen von Tod und Verderben

Wenige Tage nach der „Cholera“ erschien AS-SAYYĀBs Gedicht „هَلْ كَانَ حُبًّا“ („War es Liebe?“), ebenfalls in freien Rhythmen. AS-SAYYĀB stammte aus einem Dorf bei Al-Baṣra und studierte in Bagdad arabische und englische Literatur. Wegen seiner zeitweiligen Mitgliedschaft in der Kommunistischen Partei und staatskritischer Aktionen wurde er 1948 inhaftiert und erhielt nach seiner Freilassung Berufsverbot als Lehrer. 1953 ging er für sechs Monate in den Iran und nach Kuwait. Seine dichterisch kreativste Zeit hatte er Anfang der 1960er Jahre, als er schon an einer unheilbaren Krankheit litt. Sein berühmtestes Gedicht, „أُنْشُودَةُ المَطَر“ („Regenhymne“) bezieht sich auf seine Kindheit und auf seine Heimat Irak.

In Ägypten veröffentlichte 1957 der Dramatiker und Dichter ṢALĀḤ ᶜABD AṢ-ṢABŪR (1931 - 1981), beeinflusst von der Poesie T. S. Eliots, den ersten Gedichtband in freien Rhythmen unter dem Titel „النَاسُ فِي بِلَادِي“ („Die Leute in meinem Land“). Maßgeblich setzte sich Ende der 1950er Jahre der syrische Dichter ADŪNĪS (geb. 1930) für eine neue Verskunst ein.

Eine ebenfalls revolutionäre Art der Dichtung, die dennoch eine frei variable Metrik integriert, wird **Tafᶜīla-Dichtung** (شِعْرُ التَّفْعِيلَة) genannt. Ein derartiger Freivers basiert auf einem einfachen Versfuß (تَفْعِيل tafᶜīl), der in beliebiger Anzahl pro Vers auftritt. Der Dichter darf somit den Vers beenden, wenn der Gedanke ausgedrückt ist, und muss nicht zusätzliche Worte finden, nur um die Anzahl der Versfüße einzuhalten. Da auch Enjambements (Zeilensprünge) vorkommen dürfen, kann ein Gedanke über zwei oder mehr Verse ausgedehnt werden. Die Reime sind variabel oder entfallen ganz, wie in den folgenden Versen der jemenitischen Dichterin HUDĀ ABLĀN (geb. 1971), übersetzt von Khalid Al-Maaly und Heribert Becker:

مُحَاوَلة لتَذَكُّر ما حَدَثَ

Ein Versuch, sich an das Geschehene zu erinnern

(1)

في اللَحْظة صِفْر

Im Augenblick Null

اتَّسَعَ وِعاءُ القَلْبِ

weitete sich das Gefäß meines Herzens.

حَطَّ الله الحَطَبَ المَحْمُومَ

Gott legte das fiebrige Holz hinein,

أخَذَ عودَ حَنَانٍ

nahm ein Streichhölzchen Zärtlichkeit

وأسْرَجَني عِنْدَ وَجْهِهِ الليليِّ

und entzündete mich an seinem nächtlichen Gesicht.

تَشَقَّقَ الصَّبَاحُ

Der Morgen brach an,

غرَّدَتِ ابْتِسَامَتُهُ عَلىَ يَدي

sein Lächeln zwitscherte in meiner Hand,

ثُمَّ مَضَغَتْني عِنْدَ مُفْتَرق الغُرُوب

dann zerkaute es mich, als die Sonne sank.

صَارَتِ اللَّحظَةُ عُمْرًا منذورًا للرِّيحِ

Der Augenblick wurde ein ganzes, dem Wind geweihtes Leben,

والقَلْبُ إناءً مكسورًا

und das Herz ein zerbrochenes Gefäß

Offizielle Anerkennung erfuhr die freie Dichtung erst auf dem Al-Mirbad-Dichterfestival (Al-Baṣra, Irak) Anfang der 1970er Jahre.

Kontroll- und Vertiefungsaufgaben:

a) Wann und wo wurden die formalen Kriterien der klassischen arabischen Kasside erstmals zu Gunsten freierer Dichtung aufgegeben?
b) Warum wurden die freien Rhythmen von vielen Dichtern als eine künstlerische Revolution empfunden?
c) Analysieren Sie in dem oben zitierten Gedicht von HUDĀ ABLĀN die onomatopoetischen Mittel, indem Sie die Worte mit dem Laut Ḥā' den Worten mit den Lauten Ṣād, Qāf, Ṭā' und ʿAin gegenüberstellen und dem Klang der Laute eine Stimmung zuordnen, die möglicherweise zur Bedeutung der Begriffe passt.

23. Dialektdichtung

Die aus vorislamischer Zeit überlieferte Dichtung wurde von Angehörigen verschiedener arabischer Stämme in einer gemeinsamen Sprache verfasst, die in ihrer Grammatik und Lexik dem eng an den Koran angelehnten Hocharabischen gleicht. Ob es daneben noch unterschiedliche Dialektdichtungen gab, ist nicht bekannt. Bis in die heutige Zeit konnte das Hocharabische in der Dichtung weiter bestehen. Versuche, diese Norm zu durchbrechen, sind nicht populär geworden. Lediglich in der Vokalmusik gibt es allgemein akzeptierte Gattungen, die sich des Dialekts bedienen. Viele zeitgenössische Sänger tragen ihre Lieder ebenfalls im jeweiligen Landesdialekt vor. (> 27. Dichtung und Musik)

In geschriebener Poesie verwendeten Dichter im 19. Jh. den Dialekt, um Volksnähe und Patriotismus zu signalisieren. In Ägypten veröffentlichten in der 1. Hälfte des 20. Jh. vor allem linksgerichtete Poeten wie BAIRAM AT-TŪNISĪ (1893 - 1961) kritische Dialektgedichte mit Aufrufen zum Kampf gegen Kolonialherrschaft, Unterdrückung und Ausbeutung. Als Dichter und Sänger wurde sein Landsmann AḤMAD FU'ĀD NAĞM, genannt AL-FĀĞŪMĪ, (1929 - 2013) berühmt, der wegen seiner scharfen Kritik an allen ägyptischen Staatspräsidenten mehrfach inhaftiert war.

1961 schlossen sich junge ägyptische Dichter, darunter ṢALĀḤ ĞĀHĪN (1930 - 1986) und ᶜABD AR-RAḤMĀN AL-ABNŪDĪ (1938 - 2015), zur „Ğamāᶜat Ibn ᶜArūs" zusammen, um den sogenannten **Šiᶜr al-ᶜāmmīya** (شِعْرُ العَامّيَّةِ, „Dialektdichtung") populär zu machen. Kritiker warfen den Dialektdichtern separatistische Tendenzen vor. Ihrer Meinung nach widersprach die künstlerische Loslösung vom länderübergreifenden Hocharabischen der Idee der „arabischen Einheit" (الوَحْدَةُ العَرَبِيَّة al-waḥda al-ᶜarabīya), die besonders in der 2. Hälfte des 20. Jh. von namhaften Politikern wie dem damaligen ägyptischen Präsidenten Ǧamāl ᶜAbd an-Nāṣir propagiert wurde. Aus diesem Grund oder um sich über die Landesgrenzen hinaus Gehör zu verschaffen, gebrauchen etliche Dialektdichter zusätzlich doch die arabische Hochsprache und verfassen neben rein dialektalen auch hochsprachliche Gedichte oder Gedichte in Mischformen.

Manche Dichter beherrschen auch mehrere Dialekte. Zu ihnen gehört z. B. TAMĪM AL-BARĠŪṮĪ (geb. 1977), der im palästinensischen, ägyptischen und irakischen Dialekt dichtet.

Zu den berühmten Songschreibern zählt JOSEPH ḤARB (1940 - 2014), der für die Sängerin Fairūz zahlreiche Lieder im libanesischen Dialekt verfasste.

Dialektdichter werden meist nicht durch schriftliche Veröffentlichungen bekannt, sondern durch ihre Medienpräsenz. Der ägyptische Poet HIŠĀM AL-ĞAḪ (geb. 1978) hat eine eigene TV-Sendung und fast 4 Millionen Abonnenten beim sozialen Netzwerk Facebook. Themen seiner Gedichte sind Liebe und Natur, Politik und Patriotismus sowie Religion, aber auch die klassische Form der Schmähung. Im Gedicht „Ǧuḥā“ formuliert AL-ĞAḪ seine Enttäuschung über sein Land:

شعور سخيف إنك تحس بإن وطنك
شيء ضعيف

Ätzend dieses Gefühl, dass dein Land mies und schwach ist,

صوتك ضعيف

deine Stimme schwach ist,

رأيك ضعيف

deine Meinung schwach ist.

[...]

كرامتنا متهانة

Unsere Würde ist verletzt.

واللقمة بإهانة

Jeder Bissen eine Beleidigung

بتخلفينا ليه لما انتى كارهانا

Warum hast du uns geboren, wenn du uns nicht riechen kannst?

يعنى ايه تبقى إنتى هبة النيل يا بوبة وكل يوم المية تقطع؟

Willst das Geschenk des Nils sein, wo hier dauernd kein Wasser läuft!?

يعنى ايه لما اشتكى غلو الفاتورة يقولو تشكى بس تدفع؟

Was soll das, wenn die Rechnung zu hoch ist und man sagt: erst zahlen, dann beschweren, mein Freund!?

لما قش الرز ثروة بتتحرق

Wenn kostbares Reis-Heu verbrennt.

وأما نفط الأمة ثروة بتتسرق

Und unser kostbares Öl geklaut wird.

وأما جلادك على ولادك بيبطش

Wenn dein Henker deine Kinder tyrannisiert.

وأما علمك ما يلاقيش ياكل فيطفش

Wenn deine klugen Köpfe leere Mägen haben und einfach abhauen?

يعنى ايه نرفع ايدينا بالسلام لجل الغزاة؟

Was soll das, wenn wir die Invasoren mit dem Friedensgruß empfangen?

ويعنى ايه لما ابقى ماشى فى حالى واتشدّ اشتباه؟

Was soll das, wenn ich beim Spazierengehen festgehalten und verhört werde?

[...]

وطن وغرقان فى النطاعة

Eine Heimat, die versinkt in Pedanterie,

كل شىء ريحته نطاعة

wo alles stinkt nach Pedanterie.

علمونا بالعصاية

Bloß mit dem Stock saugten wir Wissen,

ورضعونا الخوف رضاعة

Schon mit der Muttermilch die Furcht.

علمونا فى المدارس يعنى ايه كلمة قيام

In der Schule lernten wir, was „Aufstehen!" bedeutet,

علمونا نخاف من الناظر فيتمنع الكلام

lernten wir, den Direktor zu fürchten und den Mund zu halten

علمونا ازاى نخاف وازاى نكش

Wir lernten, uns zu fürchten und den Schwanz einzuziehen.

بس نسيوا يعلمونا الاحترام

Aber wir lernten nicht, was das ist: Respekt.

فمتزعلوش لما ابقى مش باسمع كلامكم

Also schnappt nicht gleich ein, wenn ich nicht auf euch hören kann.

وماتزعلوش لما ابقى خارج عن النظام

Und schnappt nicht gleich ein, wenn ich gegen das System bin.

مستنى ايه من طفل ربوه بالزعاق غير المشاكل والخناق؟

Ein Kind, das immer nur Dresche bekam: Was erwartet ihr von ihm außer Problemen und Streiterei?

[...]

سوف أرحل

Ich hau ab.

ربما يلقانى من ارجو لقاه

Vielleicht treffe ich denjenigen, den ich suche.

هامشى ويا الشحاتين

Ich gehe mit den Bettlern

وابكى على حلمى اللى تاه

und weine um meinen Traum, der futsch ist.

بس مش هاشحت رغيف

Aber betteln um Brot tu ich nicht.

هاشحت وطن لله

Ich bettle bloß um eine Heimat.

Kontroll- und Vertiefungsaufgaben:

a) Welche sprachkünstlerischen Mittel (z. B. Reime, Metaphern, Wortwiederholungen, Code-Switching) nutzt HIŠĀM AL-ĞAḪ in seinem Gedicht „Ğuḥā"?
b) Wie argumentieren Befürworter und Gegner der Dialektdichtung?

24. Politische Dichtung seit dem 20. Jh.

Wie bereits in altarabischer Zeit dient Dichtung nach wie vor zur Darstellung politischer Befindlichkeiten. Es wird gelobt, kritisiert, provoziert, appelliert, mobilisiert, bisweilen manipuliert. Dabei geht es vor allem um machtpolitische, ideologische, historische oder gesellschaftliche Themen.
Innerhalb der politischen Dichtung unterscheidet man verschiedene Arten:

Arabisch	Umschrift	Deutsch	Bekannte Vertreter
شعر استهزاء	ši^{c}r istihzā’	Schmähdichtung	Aḥmad Fu’ād Nağm (1929-2013)
شعر مديحي	ši^{c}r madīḥī	Lobdichtung	^{c}Abd ar-Razzāq ^{c}Abd al-Wāḥid (1930-2015)
شعر اجتماعي نقدي	ši^{c}r iğtimā^{c}ī naqdī	Gesellschaftskritische Dichtung	Nizār Qabbānī (1923-1998), Muḥammad aš-Šurafī (1940-2013), Hišām al-Ğaḫ (geb. 1978)
شعر للشهداء	ši^{c}r li-š-šuhadā‘	Märtyrerdichtung	Ibrāhīm Ṭūqān (1905-1941), ^{c}Abd ar-Raḥīm Maḥmūd (1913-1948)
شعر المقاومة	ši^{c}r al-muqāwama	Widerstandsdichtung	Taufīq Zayyād (1929-1994), Samīḥ al-Qāsim (1939-2014), Fadwā Ṭūqān (1917-2003)
شعر الانتفاضة	ši^{c}r al-intifāḍa	Intifada-Dichtung	Hilāl al-Fāri^c (geb. 1954)
شعر المنفى	ši^{c}r al-manfā	Exildichtung	Muḥammad Mahdī al-Ğawāhirī (1899-1997), ^{c}Abd al-Wahhāb al-Bayātī (1926-1999), Aḥmad Maṭar (geb. 1954)

Die meisten zeitgenössischen arabischen Dichter verarbeiten in ihren Werken direkt oder auch indirekt politische Aussagen. Dabei lässt sich ein Gedicht nicht immer einer bestimmten Art politischer Dichtung zuordnen. Auch finden sich politische Anspielungen in anderen Gattungen wie z. B. der Liebespoesie. Typisch ist eine starke Poetizität, die subtil analysiert und keine Schwarz-Weiß-Lösungen anbietet. Andere gängige Verfahren der politischen Dichtung sind Propaganda, Satire und Parodie.

Lobdichtung auf Staatsoberhäupter gibt es nach wie vor in den arabischen Monarchien. In anderen arabischen Ländern spielte sie bis zu den 2011 einsetzenden Umwälzungen ebenfalls eine Rolle. Ungebrochen ist überall die patriotische Verherrlichung des eigenen Volkes bzw. der Heimat, gleichgültig ob diese noch unverändert existiert oder Wandlungsprozesse durchmacht oder, wie z. B. im Falle der Palästinenser, als geraubt gilt. Solcher Patriotismus kann bisweilen mit konstruktiver Kritik gepaart sein, ufert aber in Krisen- und Kriegssituationen häufig in platten Nationalismus aus.

In irakischen Kriegsgedichten wurden besonders in den 1980er Jahren Männer als Soldaten dargestellt und zu Helden stilisiert, die wehrlose Mütter und ihre Kinder zu beschützen haben. In den folgenden schweren Krisen seit den 1990er Jahren verherrlichten Dichter ihre irakische Heimat, indem sie unter anderem das Land mit einer Frau oder Mutter gleichsetzten, für die man sich opfern sollte. Auf Ṣaddām Ḥusain gab es während seiner ganzen Regierungszeit und auch noch posthum Lobgedichte, wie das folgende von ᶜABD AR-RAZZĀQ ᶜABD AL-WĀḤID (1930 - 2015), das im Jahre 1984 während des Krieges mit Iran die Popularität des Präsidenten stärken sollte:

والشَمْسُ يا صدام سَيفٌ

Und die Sonne, oh Ṣaddām, ist ein Schwert.

وَوَقَفْتَ بَينَ القَومِ رَمحًا مشرعا

Aufrecht wie ein Speer ragtest du zwischen den Deinen empor.

كنتَ العِراق تحدياً, وتَرفُعا

Der Irak warst du, stolz und kühn.

مَوجُ الفُراتَين استُفِز بأسرهِ

In Wallung waren die Wogen der zwei Wasser.

في مُقْلتَيكَ, فَضاءَ غيظُهما معا!

In deinen Augen spiegelte sich beider Zorn.

وَوَقَفْتَ رُمْحاً, لَو يَدٌ همَّتْ بهِ

Wie ein Speer ragtest du empor. Würde ihn berühren eine Hand,

لتصدَّعَتْ عَنْهُ الشَّماءُ تَصَدُّعا

Abgeschmettert würde sie von seiner Klinge.

[...]

Lobgedichte werden meist in Zeitungen oder im Internet publiziert und auf öffentlichen Veranstaltungen bzw. in Rundfunk- und Fernsehsendungen vorgetragen.

Die **Schmähdichtung** kursiert meist mündlich, derzeit auch im Internet. Seit altarabischer Zeit wird sie als Waffe eingesetzt, mit deren Hilfe Gegner moralisch geschwächt und eigene Anhänger gestärkt werden sollen. Es geht dabei heutzutage meist um Kritik an politischen Führungskräften, gesellschaftlichen Erscheinungen, moralischen Vorschriften und Ähnlichem. (> 23. Dialektdichtung)

Ein Schmähgedicht auf einen nicht genannten Politiker und seine Anhänger veröffentlichte 1992 der syrische Dichter NIZĀR QABBĀNĪ (1923 - 1998). Ein Video davon, in dem der Verfasser selbst rezitiert, wurde ab 2011 auf verschiedenen

Seiten und unter verschiedenen Zuschreibungen ins Internet gestellt:

حِين يَمرٍ الدِيك بِسُوقِ القَرْية
مِزهواً منفوش الريش..
وعلى كَتيفَيهِ تضيئ نياشين التحرير

Wenn der Hahn über den Dorfplatz schreitet,
eitel, mit protzigem Gefieder und mit blinkenden
Befreiungsabzeichen auf den Schultern,

يصرخ كل دجاج القرية في إعجاب:

Dann gackern alle Hühner des Dorfes ganz laut vor Begeisterung:

يا سيدنا الديك
يا مولانا الديك.
يا جنرال الجنس..
ويا فحل الميدان.

Oh, unser Herr, der Hahn,
Oh, unser Gebieter, der Hahn,
Oh, unser sexy General
Oh, unser Platzhirsch.

أنت حبيب ملايين النسوان.

Millionen Frauen lieben dich.

هل تحتاج إلى جارية؟
هل تحتاج إلى خادمة؟
هل تحتاج الى تدليك؟

Brauchst du eine Gespielin?
Brauchst du ein Dienstmädchen?
Brauchst du eine Massage?

Wenn niemand direkt angesprochen und beschimpft wird, bezeichnet die arabische Literaturwissenschaft derartige Gedichte nicht als Schmähgedichte, sondern als **gesellschaftskritische Dichtung.** Da diese Dichtung offenbar in der arabischen Welt ein großes Wirkungspotenzial hat, das sich gegenwärtig über ihre Internetpräsenz nachweisen lässt, sind die Verfasser nicht sicher vor Zensurmaßnahmen, Verfolgungen, Prozessen, Verboten und Skandalen, die bisweilen entweder zu Inhaftierungen oder zur Migration führen.
NIZĀR QABBĀNĪ gehörte zu den Dichtern, die überwiegend im Exil lebten. Er stellte sogar das arabische Nationalgefühl in Frage, wie in dem folgenden sehr bekannten Gedicht aus dem Jahre 1994, das in seinem Titel provokatorisch fragt: „مَتَى يُعْلِنُونَ وَفَاةَ العَرَب؟“ („Wann verkünden sie den Tod der Araber?“), übersetzt von Stefan Weidner:

أحاول منذ الطفولة رسم بلاد

Seit der Kindheit versuche ich, ein Land zu malen

تسمى مجازا بلاد العرب

Das – übertragen gedacht – der Araber Land genannt wird.

[...]

أنا منذ خمسين عاما، أراقب حال العرب.

Seit fünfzig Jahren beobachte ich den Zustand der Araber,

وهم يرعدون، ولايمطرون... ...

Und was tun sie? Sie donnern, doch sie regnen nicht

وهم يدخلون الحروب، ولايخرجون...

Sie ziehen in Kriege und kommen nicht wieder,

وهم يعلكون جلود البلاغة علكا ولا يهضمون

Sie kauen die Häute der Wortkunst wie Mastix,
ohne sie verdauen zu können

[...]

أراهم أمامي ... وهم يجلسون على بحر نفط

Ich sehe sie vor mir ... sie sitzen auf einem Meer aus Öl.

فلا يحمدون الذي فجَّر النفط من تحتهم...

Aber sie preisen nicht den, der das Öl unter ihnen hervorbrechen ließ,

ولا يشكرون...

Sie danken nicht.

وهم يخزنون البلايين في بطنهم

Sie bunkern Milliarden in ihren Bäuchen,

ولكنهم، دائماً يشحذون...!!

Doch immer noch betteln sie!!

[...]

أيا وطني:

O meine Heimat

جعلوك مسلسل رعبٍ

Sie machten dich zu einer Horrorserie,

نتابع أحداثه في المساء.

Deren Ereignisse wir allabendlich verfolgen.

فكيف نراك إذا قطعوا الكهرباء؟؟

Aber wie sehen wir dich, wenn der Strom ausfällt?

[...]

رأيت العروبة معروضةً...

Ich sah das Arabertum ausgestellt

في مزاد الأثاث القديم

Auf einer Versteigerung von Antiquitäten,

ولكنني ... ما رأيت العرب!!

Doch Araber sah ich nicht!

Angesichts der zahlreichen arabischen Migranten hat die **Exildichtung** einen relativ großen Anteil an der arabischen Dichtung, auch wenn die im Ausland lebenden Dichter teilweise in der Sprache ihrer zweiten Heimat schreiben. Wichtige Themen sind die Aufarbeitung der Vergangenheit und Utopien der Heimkehr. Melancholisches steht neben herber Kritik an Politik und Gesellschaft. Politische Gedichte von Exildichtern beziehen sich nicht nur auf die verlassene Heimat, so auch das folgende Gedicht des in Deutschland lebenden syrischen Dichters [c]ĀDIL QARAŠŪLĪ (Adel Karasholi, geb. 1936) aus dem Jahre 2014:

trotz

ich habe keine hände mehr
an den hörnern zu packen die welt
wie einen gezähmten ochsen
ich habe keine augen mehr
euch so zu sehen wie ihr gesehen werden wollt
ich habe keine minarette mehr
aufzurufen zum lobgesang
ich habe keine flügel mehr
herumzufliegen mit meinen gesiebten
wortsplittern
nirgends wohin

soll die welt doch ihren tod verkünden
mit beiden händen
soll sie den schnee beider pole verschmelzen
mit ihrem letzten feueratem
soll die erde ihre beben beben lassen
soll die menschheit menschensonnen verfinstern
auf ihren bahnen

bis dies alles geschieht will *ich*
die frau umarmen am ende des lebens

wie am ersten tag
will wissen warum die ameise die biene
der schmetterling so beharrlich tun was sie tun
will genüsslich essen die letzte dattel
in meinem leben
will mit einem wort aussprechen
mein wort
will meine flaschenpost werfen
unaufhörlich
ins meer schlafender städte
will meinem nachbarn guten morgen sagen
und freundlich lächeln

Nachdem die meisten Palästinenser 1948 ihre Heimat wegen der Gründung des Staates Israel verlassen mussten, entstand eine **Widerstandsdichtung** mit Themen wie Vertreibung, Flüchtlingsdasein, Verlust der Heimat, Leben unter der israelischen Militäradministration und die daraus resultierende Identitätssuche. Religiöse Aspekte treten bei vielen Dichtern in den Hintergrund. Man propagiert Standhaftigkeit und Opfermut. Meist wird in freien Rhythmen gedichtet. Hingegen bevorzugen Dichter, die islamische Werte betonen und denen es meist um die Rückeroberung der Heiligtümer in Jerusalem (Felsendom, al-Aqṣā-Moschee) geht, Reim und Metrum, um ihren Versen eine traditionelle Ästhetik zu verleihen. Manche Künstler des Widerstands (z. B. MAḤMŪD DARWĪŠ) gaben allerdings diese Art der Dichtung wieder auf, weil sie ihnen oftmals zu plakativ vorkam oder sie sich ideologisch missbraucht fühlten.
Im Dezember 1987 wurde mit dem Aufstand der Palästinenser gegen die israelische Staatsmacht eine neue Gattung ins Leben gerufen: die **Intifada-Dichtung**, die in mehreren Wellen seither immer wieder neuen Zündstoff erhielt. Zentrales Symbol ist der Stein, der anfangs besonders von

Kindern und Jugendlichen gegen die überlegene israelische Militärmacht eingesetzt wurde und der ersten Intifada ihren Beinamen gab: „Intifada der Steine“ (إنْتِفَاضَة الحِجَارَة intifāḍat al-ḥiǧāra). Auch christliche Motive (besonders Jesus Christus als personifiziertes Leiden und als Erlöser) kommen zum Einsatz. Verherrlicht wird, wie schon in den Anfängen der Widerstandsdichtung, insbesondere die Opferbereitschaft. Keine Erwähnung finden innerpalästinensische Differenzen. Mit zunehmender Desillusionierung gibt es auch kritische Stimmen, die sowohl die negativen Folgen der Intifada als auch die mangelnde arabische Solidarität anprangern.

Politische Inhalte finden sich auch in der **Märtyrerdichtung**, die sich aus klassischen Trauerliedern entwickelte. In ihr wird verstorbener Verwandter und Freunde oder Persönlichkeiten des öffentlichen Lebens gedacht, die durch Unfälle, schwere Krankheiten, Fremdeinwirkung und idealerweise in Selbstaufopferung eines vorzeitigen Todes starben. Oft gilt sie Gefallenen, die sich durch Mut und Opferbereitschaft ausgezeichnet haben und wegen ihres gewaltsamen Todes als Šuhadāʾ (شُهَدَاء, „Märtyrer“) verehrt werden. Auch Selbstmordattentätern wird auf diese Weise gehuldigt, wobei derartige Gedichte allerdings umstritten sind und meist keine offizielle Anerkennung erfahren. Der ursprünglich rein religiöse Charakter des Märtyrertums wurde in der modernen arabischen Dichtung mit Vorstellungen von Heldentum angereichert, die bis in die vorislamische Zeit zurückgehen. Obwohl in der 2. Hälfte des 20. Jh. das Konzept zunehmend säkularisiert wurde, rücken seit den 1990er Jahren durchaus auch wieder islamische Heilsvorstellungen in den Vordergrund.

Auf heftige internationale Kritik stieß das folgende in klassischen Metren verfasste Gedicht, das der saudiarabische Schriftsteller und Politiker ĠĀZĪ ᶜABD AR-RAḤMĀN AL-

QUṢAIBĪ (1940-2010) der palästinensischen Selbstmordattentäterin Wafā' Idrīs im Jahre 2002 widmete und das dazu führte, dass der Politiker von seinem Botschafterposten in London abberufen wurde:

يشهد الله أنَّكُم شُهَداءُ   يشهد الأنْبِيَاءُ والأولياءُ

Märtyrer seid ihr wahrlich ewiglang
Gott und Propheten geben euch Vorrang.

متمُ كي تعز كلِمة ربي   في رُبُوعٍ أعزها الإسراءُ

Gestorben seid ihr in diesem Land
So heilig ist's für Gottes Lobgesang.

إنْتَحَرْتُم ؟! نحن الذين إنْتَحَرْنا   بِحَياةٍ أمواتها أحياءُ

Nicht ihr, sondern wir lebenden Toten
Begaben uns von selbst zum Grabesgang.

أيها القَوم نحن متنا فهيا   نَسْتَمِعُ ما يَقول فِينا الرثاءُ

Tot sind wir nun hier, oh Menschenkinder
Hört nur der Trauernden Klagegesang.

قد عجزنا حتى شكى العجز منّا   وبَكَينا حتى ازدرانا البكاءُ

Unsere Hilflosigkeit klagt uns an
Höhnisch über unseren Tränendrang.

وركعنا حتى اشمأز ركوعٌ   ورجونا حتى استغاث الرجاءُ

Angewidert ließen wir das Beten
Überschrien von eigenem Bettelklang.

وارتمينا على طواغيتِ بيتٍ   بيضٍ ملءُ قَلْبه الظلماءُ

In eines weißen Hauses finst're Arme
Warfen wir uns voller Überschwang.

ولعقنا حِذاء شَارُون حتى   صاح... مهلا... قطعتموني الحذاءُ

Befleckten Scharons Schuhe mit Speichel
Bis er schrie und uns zum Ablassen zwang.

أيها القومُ نحنُ متنا لكن   أنفت أن تضمنا الغبراءُ

Zwar sind wir nun tot, oh Menschenkinder
Doch verwehrt uns die Erde den Heimgang.

قُل (لآيات) ياعروس العوالي   كُلّ حسنٍ لِمقلتيك الفداءُ

Sag Ayāt, der freudigen Himmelsbraut,
Jed' Opfer für Deiner Wimpern Behang

حين يُخصى الفحول صفوة قومي تتصدى ...للمجرمِ الحسناءُ

Wenn denn Männer keine Männer mehr sind
Muss gar gehen die Maid auf Bestienfang.

تلثم المَوت وهي تَضْحَكُ بشرا   ومن المَوت يهربُ الزعماءُ

Der Tod sich schämet vor ihrer Größe
Allweil die Führer ihn fliehen solang.

فتحت بَابها الجنانُ وهشت   وتلقتك فَاطمُ الزَهْراءُ

Die Tür zum Garten Eden tat sich auf
Frohlockend stand Fatima am Eingang

قُل لِمَن دبجوا الفتاوى رويدا   ربَ فتوى تضجُ منها السماءُ

Sag den Fatwa-Gelehrten: Sachte sacht!
Oft fehlt Fatwas im Himmel der Gleichklang!

حين يَدعو الجهادُ يصمتُ   حِبْرٌ ويراع والكتبُ والفقهاءُ

Erhebt der Ǧihād seiner Stimme Klang,
schweigt Tinte, Buch und Gelehrter Leitstrang.

حين يَدْعُو الجِهَادُ لا استفتاء   الفَتاوى يَوم الجِهَاد الدماءُ

Erhebt der Ǧihād seiner Stimme Klang,
braucht es statt Fatwas noblen Opfergang.

Kontroll- und Vertiefungsaufgaben:

a) Welche Themen behandelt die politische Dichtung in der arabischen Welt?
b) Inwiefern verarbeitet die politische arabische Dichtung klassische Vorbilder, die bis in die vorislamische Zeit zurückreichen?

25. Moderne Liebesdichtung

Die arabische Liebesdichtung kann auf eine lange Tradition zurückblicken, hat aber zahlreiche Wandlungen erlebt. Heute ist sie sowohl formal als auch inhaltlich von starren Vorgaben unabhängig. Dennoch bewahrt sie bisweilen stilistische Mittel aus der klassischen Dichtung (z. B. ornamentale Metaphern aus der Natur, Andeutungen, Vieldeutigkeit, Wortspiele). Die unerfüllte Liebe ist nach wie vor ein häufiges Thema neben Liebeserklärungen und Beschreibungen der geliebten Menschen. Die Verbindung von erotischen und religiösen Topoi ist ebenso präsent. Neu hinzugekommen sind sozialkritische Inhalte im Zusammenhang mit Liebesbeziehungen.

Einer der berühmtesten und viel zitierten Vertreter der modernen arabischen Liebespoesie ist der Syrer NIZĀR QABBĀNĪ (1923 - 1998). Er thematisiert insbesondere die weibliche Psyche und spricht bisweilen aus der Perspektive einer Frau. Gleichzeitig löst er das traditionelle Rollenverhältnis auf. Sowohl wegen seiner Liebesgedichte als auch wegen seiner politischen Gedichte ist er äußerst umstritten. (> 24. Politische Dichtung seit dem 20. Jh.) Seine freien Verse zeichnen sich oft durch eine leicht verständliche, direkte Sprache aus, die ihre Ästhetik vor allem blumenreichen Metaphern und Hyperbeln zu verdanken hat. Das folgende Gedicht „رِسَالَةٌ مِنْ تَحْتَ المَاء“ („Unterwasserbrief“) aus der weiblichen Perspektive wurde durch den ägyptischen Sänger ᶜAbd al-Ḥalīm Ḥāfiẓ (1929 – 30.3.1977 London) besonders populär:

إن كنتَ حبيبى... سَاعِدني كَي أرحَلَ عَنك

Wenn du mein Geliebter bist, dann hilf mir, von dir loszukommen.

أو كُنتَ طَبيبى... سَاعِدني كَي أُشفى مِنك

Wenn du mein Arzt bist, dann hilf mir, von dir geheilt zu werden.

لو أنّي أعرِفُ أنَّ الحُبَّ خطيرٌ جِدّاً ما أحْبَبْتُ

Hätt' ich gewusst, wie gefährlich Liebe ist, hätt' ich verliebt mich nicht.

لو أنِّي أعرفُ أنَّ البَحرَ عميقٌ جِداً ما أبْحَرْتُ

Hätt' ich gewusst, wie tief das Meer ist, wär' losgefahren ich nicht.

لو أنّي أعرفُ خاتمتي ما كنتُ بَدأتُ

Hätt' ich gewusst, wie es zu Ende geht, hätt' angefangen ich nicht.

إشتقتُ إليكَ فعلّمني أن لا أشتاق

Ich hatte Sehnsucht nach dir. Lehre mich, keine Sehnsucht zu haben.

علِّمني كيفَ أقُصُّ جذورَ هواكَ من الأعماق

Lehre mich, die Wurzeln deiner Liebe aus der Tiefe zu reißen.

علِّمني كَيف تَمُوتُ الدمعةُ في الأحْداق

Lehre mich, die Tränen in den Augen auszutrocknen.

علِّمني كَيفَ يَمُوتُ القَلْبُ وتنْتحرُ الأشْواق

Lehre mich, das Herz sterben zu lassen und die Sehnsucht in den Selbstmord zu treiben.

[...]

إن كنتَ قويّاً أخْرجني من هذا اليَمّ.

Wenn du denn stark bist, dann zieh mich aus diesem Meer.

فأنا لا أعرفُ فنَّ العوم

Denn ich beherrsche nicht die Kunst des Schwimmens.

الموجُ الأزرقُ في عينيك يناديني نحوَ الأعمق

Die blaue Welle in deinen Augen zieht mich in die Tiefe.

وأنا ما عندي تَجْربةٌ في الحُبِّ ولا عندي زَورَق

Ich habe keine Erfahrung mit Liebe, ich habe kein Boot.

إن كُنتُ أعزُّ عَليك فَخُذ بيديّ

Wenn du Mitleid mit mir hast, dann nimm meine Hand.

فأنا مَفْتُونٌ مِن رَأسِي حَتَّى قَدَمَيّ

Denn berauscht bin ich von Kopf bis Fuß.

إنَّي أتَنفَّسُ تَحْتَ المَاء...

Ich kann atmen unter Wasser.

إنَّي أغرق... أغرق... أغرق

Ich ertrinke, ertrinke, ertrinke.

Wie in der gesamten modernen arabischen Dichtung dominieren auch in Liebesgedichten freie Rhythmen. Manche Dichter benutzen dennoch das klassische Reimschema mit festen Metren, wie z. B. der Politiker und Dichter MĀNI^{c} SA^{c}ĪD AL-^{c}UTAIBA (geb. 1946) aus den Vereinigten Arabischen Emiraten in der folgenden Liebeserklärung „فَرَضَ الحَبِيبُ“ („Kokett war sie“) im Metrum Kāmil (مُـتَـفَـاعِـلُـنْ) mit dem Reimlaut ^{c}ā (عا):

فَرَضَ الحبيبُ دَلالَهُ وتَمَنَّعَا وَأَبَى بغيرِ عذابِنَا أَنْ يَقْنعا

Kokett war sie, wollte mein nicht sein.
Daraus erfuhr ich solch große Pein.

ما حيلتي وأنا المكبّلُ بالهوى ناديته فأصَرَّ ألاّ يسمعا

Bin der Liebe ins Netz gegangen.
Doch tat sie, als müsse taub sie sein.

وعجبتُ من قلبٍ يرقُّ لظالمٍ ويُطيقُ رغمَ إبائِهِ أنْ يَخْضَعَا

Warum nur verliert den Stolz ein Herz?
Und unterstellt sich solch Tyrannei'n?

فأجابَ قلبي لا تَلُمني فالهوى قَدَرٌ وليس بأمرِنَا أَنْ يُرْفَعَا

Tadle mich nicht, mahnte mild mein Herz,
bei Liebe gibt es keine Arznei'n.

والظلمُ في شَرْعِ الحبيبِ عدالةٌ مهما جَفَا كنتَ المُحِبَّ المُولَعَا

Unrecht ist in ihren Augen Recht,
und doch lieb ich sie innig und rein.

ولقد طربتُ لصوتِه ودلالِهِ واحتلّتْ اللفتاتُ فيّ الأضلُعَا

Wie lockten mich kokette Gesten,
wie fand ich ihre Stimme so fein.

البدرُ من وجهِ الحبيبِ ضياؤه والعطرُ من وردِ الخدودِ تضوَّعَا

Das Mondlicht erstrahlt durch ihr Gesicht,
es duftet nach Rosenwängelein.

والفجرُ يبزغُ من بهاءِ جَبينِهِ والشمسُ ذابَتْ في العيونِ لتسطعَا

Der Morgen erglüht durch ihre Stirn,
in ihrem Aug' schmilzt der Sonne Schein

يا ربّ هذا الكون أنتَ خلقتَهُ وكسوتَهُ حُسْنَاً فكنتَ المُبْدِعَا

O Herr, Du warst's, der erschuf das All,
Du machtest es schön und es ist Dein.

وجعلته ملكاً لقلبي سيّداً لمّا على عرشِ الجمالِ تربّعَا

Es wurde meines Herzens König,
der edel lenkt das herrliche Sein.

سارتْ سفينةُ حبِّنَا في بحرِهِ والقلبُ كانَ شراعها فتلوَّعَا

Unser' Liebe Schiff fuhr übers Meer,
gesegelt bang nur vom Herzen mein.

لعبتْ بها ريحُ الهوى فتمايلتْ   ميناؤها المنشودُ باتَ مُضَيَّعَا

Die Winde trieben mit uns ihr Spiel,
kein Hafen taucht auf fürs Stelldichein.

يا صاحبي خُذْ للحبيبِ رسالةً   فعسى يرى بينَ السطورِ الأدمُعَا

Freund, bring der Geliebten meinen Brief,
so wird sie gewahr, was ich bewein'.

بَلِّغْهُ أَنّي في الغرامِ متيّمٌ   والقلبُ من حرّ الفراقِ تَصَدَّعَا

Tu ihr kund meine heftig' Liebe
und wie zerbricht mein Herz so allein.

ما في النوى خيرٌ لنرضى بالنوى   بل أنّ كلَّ الخيرِ أن نحيا مَعَا

Glücklich können wir nicht sein getrennt
Glück finden wir beim Zusammensein.

Liebesgedichte werden von den meisten arabischen Dichtern verfasst. Besonders Frauen betrachten diese Art der Dichtung als einen Akt der Selbstbefreiung und sprechen deshalb mitunter Emotionen und Fragen an, die im öffentlichen Diskurs mehr oder weniger tabuisiert werden.

In ihrem Gedicht „اغْتِسَالُ حَفِيدَةِ الأنْبِيَاءِ" („Die Enkelin der Propheten wäscht sich") schildert die international bekannte tunesische Dichterin AMĀL MŪSĀ (geb. 1970) körperlich erfahrbare Liebesgefühle, verbunden mit religiösen Themen:

طُف بي
دُون أن تُحْصِيَّ الطَّوَافَ
وأدِرْني في رُخامِكَ
شَهْوَةً
كَيْ أرْتَعِشَ ثَمَانِينَ عَامًا
وَتَتَذَوَّقَ الخُيُولُ الصَّحو في الخَوَابي

Umkreise mich
Und zähle nicht die Kreise
Winde mich in deinen Marmorleib
Eine Lust
Damit ich achtzig Jahre lang erbebe
Und die Hengste sich an der wachen Heiterkeit
in großen Näpfen berauschen.

عِطْرُكِ يَشُمُّ الأسْرَارَ
تَتَعَرَّى كَوَلِيدِ لَا يُبَالِي
وَعَاشِقِ رَفَعَتْهُ أنْثَاهُ
أتَلَظَّى بَيْنَ رَغْبَةٍ وَسُؤَالِ
يَتَجَاذَبُنِي الآتِي
كَغَجَرِيَّة أضَاعَتْ كَفَّهَا
ويَتْعِبُ فُؤَادِي اِشْتِعَالُ الشَّيْبِ فِي النَّبْضِ.

Du duftest nach Geheimnissen
Du sorgloses Kind
Liebesbesessener, angebetet von seinem Weib
Ich verbrenne zwischen Begehren und Suchen
Angezogen von dem, was da kommt
Wie eine Zigeunerin, die ihre Hand aus den Augen verlor
Graue Altersflammen lassen mein Herz müder schlagen.

طَاَل تَمَلْمُلَكِ يَا إبْنَةَ آدَم
تَعُدِّينَ ذَخَائِرَ التُّفَّاح:
خَطِيئَة
خَطِيئَة
خَطَايَا.

Deine Unruhe wird schlimmer, o Tochter Adams
Zählst schon die Äpfel im Arsenal
Sünde
Sünde
Sünden.

وتَقُولِينَ:
أبي جَدُّ الأنْبيَاءِ
سَوَّى لَهُ الرَّبُّ الأرْضَ فِي سَبْع أُمْنِيَات
أَوْرَثَهُ عَرْشَ التُّرَابِ

Und du sagst:
Mein Vater ist der Großvater der Propheten
Gott ebnete ihm die Erde nach sieben Wünschen
Und vermachte ihm den Thron darauf.

ومَنَحَهُ أُنْثَى
يَخْبئُ فِيهَا المَاء
فَأَدْرَكْتُ
لِمَاذَا كُلُّ الإنَاثِ يَمُتْنَ غَرْقَى
ولِمَاذا أخَاتِلُ قَدَري
لأصلى بذات اللَهَبِ

Und er schenkte ihm ein Weib
In ihr er Wasser verbarg
Und ich verstand
Warum alle Frauen ertrinken
Und warum ich mein Schicksal täusche
Um dieselben Höllenqualen zu erleiden.

عَلّنِي وَأنَا بالنَّهَار أغْتَسِلُ
أُنْشِدُ تميمةً
تَتَوارَثُ إلى مَا بعدَ القِيَامةِ.

Beim helllichten Waschen
Mag ich singen einen Glücksbringer
Der überliefert wird über den Jüngsten Tag hinaus.

Kontroll- und Vertiefungsaufgaben:

a) Wie entsteht eine ästhetische Sprache im „Unterwasserbrief“ von NIZĀR QABBĀNĪ und in „Kokett war sie“ von MĀNIᶜ SAᶜĪD AL-ᶜUTAIBA ?
b) Welche religiösen Topoi erscheinen in „Die Tochter der Propheten wäscht sich“ von AMĀL MŪSĀ?

26. Maḥmūd Darwīš

In der gesamten arabischen Welt, aber auch international, gilt MAḤMŪD DARWĪŠ als ein überragender Dichter, der die poetische Äußerung über existenzielle Themen zu seinem Lebensinhalt gemacht hat.

Er wurde am 13.3.1941[4] oder am 20.4.1942[5] in Al-Birwa, einem Dorf in Galiläa, als Zweitältester von sieben Geschwistern in einer Bauernfamilie geboren. Von seiner Mutter hatte er schon frühzeitig lyrische Impulse erhalten.

Im Zuge des Palästinakrieges mußte MAḤMŪD DARWĪŠ wie rund 750000 andere Palästinenser 1948 nach Gründung des Staates Israel seine Heimat verlassen. Seine Familie fand in Ad-Dāmūr bei Beirut Zuflucht. Nach mehr als einem Jahr kehrte der Junge mit einigen Angehörigen illegal an den Ort seiner Geburt zurück, an dessen Stelle inzwischen zwei Kibbuzim

---

[4] Laut seinem von den israelischen Behörden ausgestellten Personalausweis, siehe http://www.darwishfoundation.org/atemplate.php?id=392 (letzter Zugriff 7.12.2015)

[5] Laut seinem am 22.9.1998 von der palästinensischen Autonomiebehörde ausgestellten Reisepass, siehe http://www.darwishfoundation.org/atemplate.php?id=394 (letzter Zugriff 7.12.2015)

jüdischer Einwanderer aus Polen und der Sowjetunion sowie aus dem Jemen entstanden waren. Die Familie kam im nahen Dair al-Asad unter. Dank wohlgesonnener Lehrer konnte MAḤMŪD DARWĪŠ die Schule besuchen, lernte Hebräisch und kultivierte die arabische Hochsprache, las Weltliteratur in hebräischer Übersetzung und verfasste Gedichte, weil er seinem zeichnerischen Talent aus ökonomischen Gründen nicht nachgehen konnte. Wegen israelkritischer Verse kam er bereits als Jugendlicher zum ersten Mal ins Gefängnis. Die Oberschule beendete er in Haifa, wo er dann in den 1960er Jahren publizistisch tätig war und insgesamt zehn Jahre seines Lebens verbrachte.
In dieser Zeit wurde er aus politischen Gründen und weil er ohne behördliche Genehmigung durch Israel gereist war, sowohl fünfmal inhaftiert als auch unter Hausarrest gestellt. Er engagierte sich unter anderem in der israelischen Kommunistischen Partei und gab deren Zeitung „al-Ittiḥād“ heraus. Nachdem bereits 1960 sein erster Gedichtband unter dem Titel „عَصَافِيرُ بِلَا أَجْنِحَةٍ“ („Vögel ohne Flügel“) erschienen war, wurde er mit Sammlungen wie „عَاشِقٌ مِنْ فِلَسْطِين“ (1964 „Ein Liebender aus Palästina“[6]) und „أَوْرَاقُ الزَّيْتُون“ (1964 „Ölbaumblätter“) zu einem berühmten Vertreter der sogenannten Widerstandsdichtung. (> 24. Politische Dichtung seit dem 20. Jh.) Sein Gedicht „بِطَاقَةُ هُوِيَّة“ (1964 „Personalausweis“) war ein populäres Mittel verbalen Protests der Palästinenser, die als illegale Heimkehrer kein Recht auf einen israelischen Pass hatten.

---

[6] Darwish, Mahmoud: Ein Liebender aus Palästina. Lyrik und Prosa. Hrsg., übersetzt aus dem Arab. und mit einem Nachwort versehen von Moustapha Haikal. Nachdichtungen Johanna und Moustapha Haikal. Berlin: Verlag Volk und Welt, 1979.

1969/70 nutzte er einen Aufenthalt in Moskau während eines einjährigen Studiums der Politischen Ökonomie, um Israel zu verlassen und ins Exil zu gehen, das ihn 1972-1979 nach Kairo führte, wo er für die große ägyptische Tageszeitung „al-Ahrām“ arbeitete und berühmte Schriftsteller kennenlernte. Anschließend lebte er in Beirut und blieb auch in den Jahren des Bürgerkrieges dort, bis er 1982 jene weltoffene Stadt wieder verlassen musste, weil auch die Palästinensische Befreiungsorganisation (PLO) durch die israelische Invasion im Sommer desselben Jahres aus dem Libanon vertrieben worden war. Wie viele andere Palästinenser fand er in Zypern Aufnahme, wo er jahrelang die renommierte Literaturzeitschrift „al-Karmal“ herausgab.

Die Erfahrungen eines seiner Heimat beraubten Menschen verarbeitete MAḤMŪD DARWĪŠ in zahlreichen Gedichten und Prosatexten, wie „يَوْمِيَّاتُ الحُزْنِ العَادِيّ“ (1973 „Tagebuch der alltäglichen Traurigkeit“[7]). In dem Gedichtband „العَصَافِيرُ تَمُوتُ في الجَلِيل“ (1970 „Die Vögel sterben in Galiläa“) entfernte er sich künstlerisch erstmals von der konventionellen Widerstandsdichtung und experimentierte mit verschiedenen literarischen Ausdrucksmitteln.

Sein Exildasein führte ihn nach Paris und Tunis. 1984 wurde er Präsident des Palästinensischen Schriftstellerverbandes. 1987 erschien sein Prosa-Hauptwerk „ذَاكِرَةٌ لِلنّسْيَانِ“ („Ein Gedächtnis für das Vergessen“[8]) mit Reflexionen zum individuellen, kollektiven und universellen Tod in Kriegszeiten und einer politischen, historischen und psychologischen Hin-

---

[7] Darwisch, Mahmoud: Tagebuch der alltäglichen Traurigkeit. Prosa aus Palästina. Hrsg. und übersetzt von Farouk S. Beydoun. Berlin: Verlag Der Olivenbaum 1978.

[8] Darwisch, Machmud: Ein Gedächtnis für das Vergessen. Aus dem Arab. von Kristina Stock. Mit einem Nachwort von Hartmut Fähndrich. Basel: Lenos-Verlag 2001.

tergrundanalyse, durchsetzt von autobiografischen Erfahrungen. In dieser Phase distanzierte er sich endgültig von einem Märtyrer-Mythos, der seiner Meinung nach für politische Ziele missbraucht wird. Gleichzeitig artikulierte er seine Sehnsucht nach Frieden und konzentrierte sich mehr auf die Menschen als fühlende Wesen und weniger auf das Land als Kultobjekt.

Ab 1987 war er Mitglied des Exekutivkomitees der PLO, aus dem er, enttäuscht von den Osloer Ergebnissen der arabisch-israelischen Friedensverhandlungen, 1993 wieder austrat, weil er sich selbst als ideologisch unabhängigen Dichter sah, der sich nicht für eine bestimmte politische Richtung engagieren wollte.

Seine Lyrik wurde im Laufe der Zeit immer individueller, ausgefeilter und komplexer. Politische Aussagen spielten zwar weiterhin eine wichtige Rolle, wurden aber nicht mehr vordergründig vorgetragen. Autobiografische Erfahrungen, Fragen nach dem Sinn des Lebens, nach der Existenz in Raum und Zeit schlechthin tauchten ebenso auf wie von starken Emotionen getragene Äußerungen über Angst und Hoffnung sowie über die teils uneingeschränkte, teils zwiespältige Liebe zu Frauen, zur Mutter und zur Heimat.

Besonders die auf die palästinensische Heimat bezogene Symbolik hatte eine große Breitenwirkung. Dennoch entziehen sich ansonsten die sprachlichen Bilder meist ganz bewusst der Interpretierbarkeit. Rhythmik und onomatopoetische Mittel formen eine individuelle Klanglyrik, die ein hohes Emotionalisierungspotenzial in sich birgt. Im folgenden Gedicht „عِنْدَمَا يَذْهَبُ الشُّهَدَاءُ إِلَى النَّوْمِ“ („Wenn die Märtyrer schlafen gehen“), übersetzt von Khalid Al-Maaly und Heribert Becker, aus dem Band „وَرْد أقَـلّ“ (1986 „Weniger Rosen“[9]) finden sich wenige emphatische Konsonanten, aber zahlreiche H-Laute und lange Vokale. Diese Onomatopoesie ist geeignet, im Einklang mit der klagenden, aber auch friedlichen Grundaussage eine melancholisch-sanfte, versöhnliche Stimmung zu verbreiten:

عِنْدَمَا يَذْهَبُ الشُّـهَدَاءُ إِلَى النَّوْمِ أَصْحُو، وَأَحْرُسُـهُمْ مِنْ هُوَاةِ الرِّثَاءْ

Wenn die Märtyrer schlafen gehen, wache ich auf
und bewache sie vor den Liebhabern der Klagelieder.

أَقُولُ لَهُمْ: تُصْبِحُونَ عَلَى وَطَنٍ، مِنْ سَحَابٍ وَمِنْ شَجَرٍ، مِنْ سَرَابٍ
وَمَاءْ

Ich sage zu ihnen: Gute Heimat aus Wolken
und Bäumen, aus Luftspiegelungen und Wasser.

أُهَنِّئُهُمْ بِالسَّـلَامَةِ مِنْ حَادِثِ المُسْتَحِيلِ، وَمِنْ قِيمَةِ المَذْبَحِ الفَائِضَةْ

Ich beglückwünsche sie, dem Unfall des Unmöglichen, dem
Mehrwert des Gemetzels entronnen zu sein.

وَأَسْرِقُ وَقْتاً لِكَيْ يسْرِقُوني مِنَ الوَقْتِ. هَلْ كُلُّنا شُـهَدَاءْ؟

Und ich stehle Zeit, damit sie mich der Zeit stehlen.
Sind wir alle Märtyrer?

وَأهْمسُ: يَا أَصْدِقَائِي اتْرُكُوا حَائِطاً وَاحداً، لِحِبَالِ الغَسِيلِ،
اتْرُكُوا لَيْلَةً لِلْغِنَاءْ

Und ich flüstere: Oh meine Freunde, laßt eine einzige Wand
für die Wäscheleinen, laßt eine Nacht für das Singen.

---

[9] Darwisch, Mahmud: Weniger Rosen. Gedichte (Arabisch-deutsch). Aus dem Arabischen übersetzt von Khalid Al-Maaly und Heribert Becker. 1. Aufl. Berlin: Das Arabische Buch 1996, S. 45.

أُعَلِّقُ أسْمَاءَكُمْ أيْنَ شِئْتُمْ فَنَامُوا قلِيلاً، وَنَامُوا عَلَى سُلَّم الكَرْمَة الحَامِضَةْ

Ich hänge eure Namen auf, wo immer ihr wollt,
doch schlaft ein wenig, schlaft auf der Leiter der sauren Traube,

لأحْرُسَ أَحْلاَمَكُمْ مِنْ خَنَاجِرِ حُرَّاسِكُم وانْقِلاَب الكِتَابِ عَلَى الأَنْبِيَاءْ

Damit ich eure Träume vor den Dolchen eurer Wächter
und davor schütze, dass DAS BUCH sich gegen die Propheten kehrt.

وَكُونُوا نَشِيدَ الذِي لاَ نَشيدَ لهُ عِنْدَمَا تَذْهَبُونَ إِلَى النَّومِ هَذَا المَسَاءْ

Und seid die Hymne dessen, der keine Hymne hat,
wenn ihr heut Abend schlafen geht.

أَقُولُ لَكُمْ: تُصْبِحُونَ عَلَى وَطَنٍ حَمّلُوهُ عَلَى فَرَسٍ راكِضَةْ

Ich sage zu euch: Gute Heimat, auf ein galoppierendes Pferd
gesetzt,

وَأَهْمِسُ: يَا أَصْدِقَائي لَنْ تُصْبِحُوا مِثْلَنَا... حَبْلَ مِشْنَقةٍ غَامِضَةْ!

Und ich flüstere: Oh meine Freunde, ihr werdet nicht sein wie wir...
Strick eines rätselhaften Galgens!

Zeit seines Lebens wechselte MAḤMŪD DARWĪŠ seine Wohnorte. In den letzten zwölf Lebensjahren pendelte er zwischen Amman, Paris und Ramallah. 1997 hatte er nach einer Herzoperation ein Nahtoderlebnis, das sein weiteres persönliches wie künstlerisches Leben prägte. Er dichtete weiterhin sehr intensiv und trat auf Lesungen auf.
Wenige Wochen vor seinem Tod veröffentlichte er in der in London erscheinenden Zeitung „al-Quds al-ᶜarabī“ sein

Langgedicht „لَاعِبُ النَّرْدِ“ (2008 „Der Würfelspieler“[10]), in dem er über die Zufälligkeit seines Lebens resümiert. Am 9.8.2008 erlag er nach einer Operation in Houston (Texas) seinem langjährigen Herzleiden. Unter Anteilnahme der Weltöffentlichkeit fand er in Ramallah, wo er seit 1995 einen Wohnsitz gehabt hatte, seine letzte Ruhe.

Als ein Höhepunkt des künstlerischen Schaffens von MAḤMŪD DARWĪŠ gilt das 1999 verfasste und ein Jahr später veröffentlichte lange Prosagedicht „جِدَارِيَّة“ („Mosaikwände des Herzens“), in dem sein Nahtoderlebnis künstlerisch reflektiert wird. Hier einige Ausschnitte:

„So heißen Sie“, sagte eine Frau und verschwand irgendwo im langen Gang. Den Himmel zum Greifen nah, reise ich auf einer Taube weißem Flügel in eine ferne Kinderzeit. Das war kein Traum im Traum. Alles ist Wirklichkeit. Ich musste erfahren, wie ich neben mir stand ... und zu schweben begann. Ich werde sein, was ich sein werde im letzten aller Himmel. Alles weiß. Das Meer hängt über einer weißen Wolkendecke.	هذا هو اسمك قالت امرأة وغابت في الممر اللولبي أرى السماء هناك في متناول الأيدي ويحملن جناح حمامة بيضاء صوب طفولة أخرى ولم أحلم بأني كنت أحلم كل شيء واقعي. كنتُ أعلم أنني ألقي بنفسي جانبًا وأطير. سوف أكون ما سأصير في الفلك الاخير وكل شيء أبيض البحر المعلق فوق سقف غمامة بيضاء

[10] Darwish, Mahmoud: Der Würfelspieler. Gedicht. Arabisch-Deutsch. Aus dem Arabischen und mit einem Vorwort von Adel Karasholi. 1. Aufl. München: A 1 Verlag 2009.

Das Nichts ist weiß im weißen
Himmelsweiß.
Ich war und war nicht.
Allein bin ich inmitten dieser
weißen Ewigkeit.
Bin etwas zu früh gekommen.
Daher erschien kein einziger
Engel, um mich zu fragen: „Was
war dein Tun, dort auf Erden?“
Auch vernahm ich weder das
Jauchzen der Tugendhaften noch
das Stöhnen der Sündigen.
Allein bin ich im unendlichen
Weiß, allein ...

[...]

Ich sagte nicht wie einst die
Dichter angesichts des
verlassenen Wüstenlagers der
Geliebten: Lebe wohl!
Nur ein einziges Mal war ich, was
ich war. Nur ein einziges Mal war
ich, und dann wusste ich, wie die
Zeit zerbricht – wie Pflöcke eines
Beduinenzeltes im Nordwind.
Und wie sich der Raum auflöst.
Und wie das Gestern die
Trümmer des verlassenen
Tempels zusammensetzt ...

Alles um mich herum gleicht mir,
doch ich gleiche hier nichts.

واللا شـيء أبيض
في سماء المطلق البيضاء

كنتُ ولم أكن
فأنا وحيد في نواحي
هذه الابدية البيضاء
جئت قبيل ميعادي
فلم يظهر ملاك واحد
ليقول لي
ماذا فعلت، هناك،
في الدنيا؟
ولم أسمع
هتاف الطيبين،
ولا أنين الخاطئين،
أنا وحيدٌ في البياض
أنا وحيد

[...]

ما قلتُ للطَّلَلِ:
الوداع.

فلم أَكُنْ ما كُنْتُ إلاّ مَرَّةً.
ما كُنْتُ إلاّ مرَّةً تكفي
لأعرف
كيف ينكسرُ الزمانُ
كخيمة البدويِّ
في ريح الشمال،

وكيف يَنْفَطِرُ المكانُ
ويرتدي الماضي
نُثَارَ
المعبد المهجور.
...
يُشبهُني كثيرا
ً كُلُّ ما حولي، ولم أُشْبِهْ
هنا شيئاً

Als sei die Erde zu eng für die
kranken Poeten, Enkel der
verrückten armen Teufel,
die nach einem schönen Traum
den Papageien ein Liebeslied
vorsprechen und alle
Hemmungen fallen lassen…

Ich will wieder leben…
Ich habe noch etwas zu tun an
Bord.
Nicht etwa einen Vogel vor
unserem Hunger oder der
tobenden See retten. Nein, die
Fluten aus der Nähe beobachten:
Was nur kommt danach?

[…]

Dies ist mein Name. Er ist mein.
Er gehört meinen Freunden, wo
auch immer sie sind.
Mein ist mein vergänglicher
Körper, jetzt und danach.
Zwei Meter Erde reichen … mein
ist ein Meter fünfundsiebzig.
Der Rest gehört den
chaotischbunten Blumen, die
mich allmählich auslaugen.

mein ist, was mein war:
mein Gestern. Und was mein sein
wird: mein fernes Morgen.
Die Rückkehr der verirrten Seele,
als sei nichts gewesen.

كأنَّ الأرض ضَيِّقَةٌ على
المرضى الغنائيِّين،
أحفادِ الشياطين
المساكين المجانين الذين
إذا رأوا حُلْماً جميلاً
لَقَّنُوا الببغاءَ شِعْر الحب،
وانفتَحتْ
أمامَهُمُ الحُدُودُ…

وأريدُ أن أحيا…
فلي عَمَلٌ على ظهر
السفينة.
لا لأُنقذ طائراً
من جوعنا
أَو من دُوَارِ البحر،

بل لأُشاهِدَ الطُوفانَ
عن كَثَبٍ
وماذا بعد؟ ماذا

[…]

وهذا الاسمُ لي…
ولأصدقائي، أينما كانوا،
ولي جَسَدي المُؤَقَّتُ،
حاضراً أم غائباً…
مِتْرانِ من هذا التراب
سيكفيان الآن…
لي مِتْرٌ و75 سنتمتراً…
والباقي لِزَهْرٍ
فَوْضَوِيّ اللونِ،
يشربني على مَهَل،

ولي ما كان لي:
أَمسي، وما سيكون لي
غَدِيَ البعيدُ،
وعودة الروح الشريد
كأنَّ شيئاً لم يَكُنْ

Als sei nichts gewesen, außer
einem kleinen Kratzer auf dem
Arm der absurden Gegenwart ...
Und die Geschichte verhöhnt
ihre Opfer und ihre Helden.
Sie streift sie mit einem Blick und
geht weiter ...
Dieses Meer ist mein.
Diese feuchte Luft ist mein.
Und mein ist mein Name auf dem
Sarg, auch wenn ich ihn falsch
ausspreche. Er ist mein.

Und ich, der zwangsläufig schei-
den muss, gehöre mir nicht. Nein,
ich gehöre mir nicht. Ich gehöre
mir nicht. Ich gehöre mir nicht.

وكأنَّ شيئاً لم يكن
جرحٌ طفيف في ذراع
الحاضر العَبَثيّ...
والتاريخُ يسخر
من ضحاياهُ ومن أبطالِهِ...
يُلْقي عليهمْ نظرةً
ويمرُّ...
هذا البحرُ لي
هذا الهواءُ الرَّطْبُ لي
واسمي-
وإن أخطأتُ لفظ اسمي
على التابوت لي.

أما أنا - وقد امتلأتُ بكُلِّ
أسباب الرحيل
فلستُ لي
أنا لَستُ لي أنا لَستُ لي

MAḤMŪD DARWĪŠ wurde bisher in mehr als dreißig Sprachen übersetzt. Populär wurden seine Gedichte in allen Bevölkerungsschichten nicht nur durch unzählige öffentliche Auftritte, sondern auch durch den libanesischen Sänger und Lautenspieler Marcel Ḫalīfa. Insgesamt verfasste er mehr als dreißig Gedichtbände und acht Prosawerke.

Kontroll- und Vertiefungsaufgaben:

a) Welche Sprachbilder und rhythmischen Mittel verwendet MAḤMŪD DARWĪŠ in den oben zitierten Versen?
b) Welche Entwicklungsphasen kennzeichnen das künstlerische Schaffen von MAḤMŪD DARWĪŠ?

27. Dichtung und Musik

Nicht nur in der arabischen Kultur nutzt die Dichtung als künstlerisches Ausdrucksmittel auch musikalische Mittel. Gedichte können gesungen vorgetragen werden oder es werden umgekehrt zu Melodien poetische Texte verfasst.

Ob in der altarabischen Zeit eine dieser beiden Varianten dominierte, kann man heute nicht mehr nachvollziehen. Vieles deutet darauf hin, dass - wie offenbar auch gegenwärtig - die arabischen Musiker aus einem reichen dichterischen Reservoir schöpfen konnten und seltener die Musik den Text vorgab. Dichter kamen auch in islamischer Zeit zunächst noch aus dem beduinischen Milieu, während die Musiker meist nichtarabische Wurzeln hatten. Das deutet daraufhin, dass man sich die Musikkultur der eroberten Völker zunutze machte, weil man selbst weniger derartige Traditionen aufweisen konnte. Instrumente spielten möglicherweise bei der nomadischen Lebensweise eine marginalere Rolle als in der luxuriöseren Kultur der Sesshaften.

Werden Gedichte nicht gesungen vorgetragen, dann untermalt man bisweilen die Rezitationen instrumental. Bis heute wird dabei z. B. die Laute (عُود ᶜūd) eingesetzt.

Gesungene Poesie wird als Solo-, Chor- oder Wechselgesang vorgetragen. Sie ist besonders auf Festlichkeiten und kulturellen Veranstaltungen, aber auch zu Trauerfeiern, auf Demonstrationen und im militärischen Bereich präsent. Der Inhalt der Dichtung richtet sich nach den unterschiedlichen Anlässen.

Typisch ist der **improvisierende Charakter des Vortrags**, der nicht immer eine genau vorgegebene Versreihenfolge einhält, sondern oftmals einzelne Verse mindestens zweimal hintereinander wiederholt, um ein besseres Verstehen zu gewährleisten, die Expressivität und Einprägsamkeit zu erhöhen und den Hörgenuss zu steigern. Interaktionen mit dem Publikum sind nicht ausgeschlossen. Stegreifdichtung kommt ebenfalls vor.

Die **Melodien** bestehen aus Tongruppen geringen Umfangs, einem Ausgangston (مَبْدَأ mabda'), einer Finalis (قَرَار qarār) und Haltetönen, die oft abrupt beendet werden, sowie kurzen Interjektionen (z. B. „ah!"). Daraus ergibt sich jeweils ein bestimmtes Melodiemodell, das seit dem 13./14. Jh. als Maqām (مَقَام, „Standort", „Tonart") bezeichnet wird. Es existieren zwölf Hauptmodelle. Die Melodien sind nicht starr, sondern frei variierbar, und können zudem zu unterschiedlichen Texten gesungen werden.

Die **instrumentale Begleitung** ist ebenfalls variabel und passt sich der Stimmung des Musikers, des Sprechers und des Publikums an. Zur Perkussion oder zur Melodieführung dienen bei allen Arten des Vortrags neben westlichen Instrumenten und Kompositionen auch nach wie vor klassische arabische Instrumente wie Lauten, Flöten, Streichinstrumente oder Trommeln. In vor- und frühislamischer Zeit spielte die Leier eine große Rolle, die sich in der Region auf Felszeichnungen aus dem 2. Jahrtausend v. Chr. nachweisen lässt. Die Vertonung entspricht heutzutage meist jeweiligen internationalen Modetrends (z. B. Schlager, Reggae, Hip-Hop); es werden aber auch typisch arabische Stilmittel und Instrumente genutzt.

Die folgende Tabelle gibt eine Übersicht über Fachbegriffe des Gesangs:

Arabisch	Umschrift	Definition
غِنَاء	ġinā'	Gesang
أُغْنِيَة ج أَغَانٍ	uġniya Pl. aġānin	Lied, Melodie
قَيْنَة ج قِيَان	qaina Pl. qiyān	Sängerin in vor- und frühislamischer Zeit
سِنَاد	sinād	klassischer Gesang in komplizierten Metren mit ernsten Themen
هَزَج	hazağ	klassischer Gesang in einfachen Metren mit unterhaltsamen Themen, von Tänzern und Musikern begleitet
لَيَالٍ	layālin	vokale begleitete Improvisation
تَقْسِيم	taqsīm	Improvisation von Soloinstrument und Sologesang
بُحَّة	buḥḥa	Klangfärbung im klassischen Gesang
غُنَّة	ġunna	Nasalierung
قَفْلَة	qafla	wirkungsvolle Kadenz
أَنْفَاس	anfās	Atem[pausen]
بَدَنِيَّة oder دَوْر	badanīya oder daur	ein- oder zweizeiliges Muwaššaḥ-Präludium
أَجْنَاس الإِيقَاع	ağnās al-īqā^c	metrisch-rhythmische Grundmuster

Traditionelle Arten gesungener Gedichte sind unter anderem der mit Ausnahme des letzten Kehrreims hochsprachliche Muwaššaḥ (مُوَشَّح) und der umgangssprachliche, meist im Metrum Basīṭ abgefasste Mauwāl (مَوّال), der einen Refrain und, je nach Region, eine unterschiedliche Zeilenanzahl pro Strophe aufweist. Der Muwaššaḥ beruht auf der Struktur der klassischen andalusischen Muwaššaḥa (> 18. Dichtung in Al-Andalus), getragen von einem Wechselgesang zwischen einem Solisten und ein oder zwei Männer- oder Frauenchören, die in den Text öfter Nonsens-Silben (z. B. „dānā yā dānī") einfügen. Zu den zahlreichen regionalen Arten gehören der seit dem 15. Jh. verbürgte maghrebinische Malḥūn (مَلْحُون) und der Mitte des 19. Jh. in Ägypten entstandene Daur (دَوْر) mit einem Wechselgesang von Solostimme und Chor. Als älteste Liedgattung wird von Gelehrten des 10. Jh. der melancholisch erzählende Ḥudā' (حُدَاء < حَدا ḥadā, „[Kamele mit Gesang] antreiben") beschrieben, der mit langen Kamelritten in vorislamischer Zeit in Verbindung gebracht wird.

Religiöse Texte werden in Form von Hymnen, den Anāšīd (أَنَاشِيدُ Pl. von نَشِيد), von einem oder mehreren Sängern in sehr rhythmischer Form und höchstens mit Perkussionsinstrumenten vorgetragen. Eine besondere Gattung ist die Sufi-Musik, die teilweise nur aus Gesängen besteht. Einzeln oder im Chor wird die Liebe zu Gott und seinem Propheten besungen. Manche Liedtexte werden auch dem lyrischen Werk bekannter Sufi-Dichter entnommen. (> 17. Sufische Dichtung)

Neben der Kunstmusik existiert ein sowohl quantitativ als auch qualitativ reiches **Volksliedgut**. Vorgetragen werden diese Lieder in einer begrenzten Anzahl von Melodietypen im Gruppengesang oder als verziertes lyrisches Solostück. Männer und Frauen treten in meist improvisierten Dialog- oder Streitliedern, dem Ḥiwār (< حِوَار ḥiwār, „Dialog"), in Interaktion. Es dominiert die strophische Form, besonders Vierzeiler mit und ohne Refrain. Bei Sologesängen wird der

Refrain oftmals vom Publikum (mit-)gesungen. In der Vergangenheit traten in Nomadenlagern oder Dörfern, auf Märkten und in städtischen Kaffee- und Teehäusern poetisch-dramatisch begabte Wanderdichter auf, die Kassiden oder epische Lieder vortrugen und sich dabei auf Fidel, Laute oder Trommel selbst begleiteten. Berichte römischer Legionäre aus dem 4. Jh. n. Chr. belegen die sogenannten Brunnenlieder, die bereits in vorislamischer Zeit von den Nomaden an den Wasserstellen gesungen wurden. Wichtige Gattungen sind neben den Liebesliedern die Klage-, Hochzeits-, Arbeits- und Wiegenlieder. Hinzu kommt noch die spezielle Gattung der ^{c}Atāba (< عَتَبَة ^{c}ataba, „Schwelle"), ein Bitt- oder Lobgedicht, das ursprünglich an den Türschwellen der Reichen vorgetragen oder gesungen wurde und mehrere aus jeweils vier Kurzversen bestehende Strophen umfasst.
Die **emotionale Wirkung** jeglicher Musik wird als Ṭarab (طَرَب, „Amüsement", „Verzückung") bezeichnet, der Sänger als Muṭrib (مُطْرِب) oder Muġannin (مُغَنٍّ). Auf Skepsis stieß der Ṭarab bei Religionsgelehrten, denn er störte die Ernsthaftigkeit und Rationalität des islamischen Glaubens.
Klassische arabische **Kunstmusik** wurde zwar entwickelt, aber nie in dem Maße normiert und als offizielle Kunst anerkannt wie die europäische Musik. Sie weist nach wie vor spontane und oftmals sogar volkstümliche Züge auf. Trotz aller religiösen Vorbehalte gab es Gelehrte wie al-Kindī (gest. 873) und al-Fārābī (gest. 950), die sich mit **Musiktheorie** befassten. Auch manche Sänger stellten schon in den ersten islamischen Jahrhunderten Recherchen zu Texten und Kompositionen an. Bekannte Abhandlungen über das Musikleben des 8. Jh. im Hedschas, dem damaligen Zentrum der Musizierkunst, verfasste unter anderen Yūnus al-Kātib (gest. um 765), ein universal gebildeter Sänger persischer Abstammung. Seine Schriften (z. B. كِتَابُ النَّغَم Kitāb an-naġam, „Buch

über Melodie") informieren über Liedtexte sowie Komponisten und Dichter, aber nicht hinreichend über die Melodien, sodass sie sich heute nicht mehr rekonstruieren lassen. Manche Sänger beherrschten ein außergewöhnlich umfangreiches Repertoire an Gedichten. Zu diesen zählte z. B. Isḥāq b. Ibrāhīm al-Mauṣilī (gest. zwischen Ende 8. Jh. und Mitte 9. Jh. in Bagdad), der als Musiker und Verfasser von musiktheoretischen Schriften (z. B. كِتَابُ النَّغَم والإِيقَاع Kitāb an-naġam wa-l-īqā[c], „Buch über Melodie und Rhythmus") dafür berühmt gewesen sein soll, sämtliche je auf Arabisch gedichtete Lyrik auswendig zu kennen.
Anders als in Europa huldigt man heute keinen namhaften Komponisten klassischer arabischer Musik. Berühmter wurden die **Sänger** und Sängerinnen, wie im 19. Jh. der Ägypter aš-Šaiḫ Aḥmad aš-Šantūrī (gest. 1882) und die Ägypterin Sākina (gest. 1862), die beide auch in höfischen Kreisen auftraten. Nach wie vor gibt es Dichter, die ihre Verse gesungen vortragen, wie der Sudanese [c]ABD AL-KARĪM AL-KĀBLĪ (geb. 1932 oder 1933 Port Sudan).
Bekannte Musiker und Sänger können zur Popularität eines Dichters beitragen. Gedichte von MAḤMŪD DARWĪŠ bzw. NIZĀR QABBĀNĪ interpretierten z. B. die aus dem Libanon stammenden Sänger bzw. Sängerinnen Fairūz (geb. 20.11.1934 Ǧabal al-Arz), Marcel Ḫalīfa (geb. 10.6.1950 [c]Amšīt) und Maǧda ar-Rūmī (geb. 13.12.1957 Tyros) sowie der Ägypter [c]Abd al-Ḥalīm Ḥāfiẓ (21.6.1929 Al-Ḥilwa - 30.3.1977 London) und der Iraker Kāẓim as-Sāhir (geb. 12.9.1957 Mosul). Das folgende Gedicht „أَعْطِنِي النَّاي وَغَنّ" („Reich die Flöte und komm singen") von ǦIBRĀN ḪALĪL ǦIBRĀN wurde durch Fairūz und durch die kolumbianische Pop-Sängerin Shakira international bekannt:

أعْطِنِي الناي وغَنّ فَالغِناء سِر الوُجُود

Reich die Flöte und komm singen, des Lebens Zauber ist Gesang

وأنِين النَاي يَبْقَى بَعد أنْ يفنى الوُجُود

Auch wenn vorbei das Leben ist, klagt die Flöte ewiglang

هل إتّخَذْتَ الغاب مِثْلي منزلاً دون القصور

Bist du abhold den Palästen
wie ich in den Wald gekommen

فَتتبعتَ السَواقي وتَسَلَقْتَ الصُخُور

Bist du gefolgt der Bäche Lauf
und hast gar Gipfel erklommen

هل تحممتَ بِعَطْرو تَنشفتَ بِنُور

Hast gebadet im Sonnenduft
und zum Trocknen Licht genommen

وشَرِبتَ الفَجْر خَمْراً فى كؤوس مِن أثِير

Hast getrunken Morgenröte rubinweingleich in Gläsern aus Luft

هل جَلَسْتَ العَصْر مِثْلي بَين جفنات العِنَب

Hast du nachmittags gesessen
wie ich zwischen Traubenreben

والعَناقيد تدلَت كَثريات الذَهْب

Die wie güld'ne Kronenleuchter
schwer hinab zur Erde streben

هل فَرَشْتَ العشب لَيلاً وتلحفتَ الفَضاء

Hast des Nachts dein Bett bereitet
im Gras unter der Sterne Pracht

زَاهِداً فيما سَيأتِي نَاسِياً ما قد مَضَى

Für das, was war und was sein wird, bleibt dein Geist ganz ohne Acht

أعطِني الناي وغَنّ وانسـى داء ودواء

Reich die Flöte und komm singen, vergiss Fieber, Not und Nacht

إنما الناس سُطُورٌ كُتِبَت لَكن بِمَاء

Die Menschen sind Schriftes Zeichen, mit Wasser zu Papier gebracht.

In der **Ǧāhilīya** und in den **ersten islamischen Jahrhunderten** sangen Dichter und Dichterinnen ihre Verse selbst oder sie hatten neben einem eigenen Rezitator (رَاوٍ rāwin, < رَوَى rawā, „tränken“; „erzählen“, „überliefern“) auch einen eigenen Sänger. Außerdem gab es professionelle Sängerinnen, die in den Zeltlagern der Beduinen auftraten oder in den festen Ansiedlungen hauptsächlich in Schenken oder in reichen Häusern arbeiteten und zur Unterhaltung Lieder berühmter Dichter ihrer Zeit vortrugen. Manche dichteten auch selbst und wurden damit berühmt, wie MUTAIYAM AL-HĀŠIMĪYA (gest. 838) aus Al-Baṣra, eine der gut ausgebildeten Sklavinnen, die in aristokratischen Kreisen als Sängerinnen für die Unterhaltung bei geselligen Zusammenkünften sorgten.

Die vorislamische Sitte, begabte Dichter in den Zentren der Macht zu empfangen und ihre Lobgedichte für die eigene Popularität nutzbar zu machen, hielt bis in die Neuzeit an. Schon der erste Umayyadenkalif Mu^{c}āwiya (regierte 661 - 680) war ein bekannter Mäzen, der Lobreden vertonen ließ, damit sie auch im Volk gesungen werden konnten. Aber auch andere poetische Gattungen, besonders Liebesgedichte, das häufigste Genre, wurden gesungen vorgetragen.

In der **Blütezeit des Kalifats** setzten seit der 1. Hälfte des 9. Jh. umfangreiche Neuerungen ein. Man orientierte sich an den Traditionen der vorislamischen Araber, aber mehr noch

an der Musik benachbarter bzw. eroberter Völker. Die meisten Musiker waren keine Araber, sondern zumeist Perser, die den Islam angenommen hatten.
Berühmte Musikschulen gab es in Bagdad und in Córdoba. Kunstmusik war meist Vokalmusik und wurde als Ġinā‘ (غِناء) bezeichnet. Der aus dem Griechischen entlehnte Begriff Mūsīqā (مُوسِيقِى) bezog sich auf eine mathematische Musiklehre.

Beliebt war der Ġinā‘ in höfischen Kreisen, aber auch im öffentlichen Raum, wo man ein großes Publikum erreichte. Adam Mez schildert in seinem Werk „Die Renaissance des Islams" die raffinierten Podien der Künstler im 10. Jh., die - ähnlich wie Popstars im 20. Jh. - das Publikum in Euphorie versetzen konnten: „Wenn der Sänger Mušâriq mitten auf dem Tigris sang, weinte alles."[11]

[11] Mez, Adam: Die Renaissance des Islams. Hildesheim: Georg Olms. Verlagsbuchhandlung 1968 (Reprografischer Nachdruck der Ausgabe Heidelberg 1922), S. 379.

Ab dem 16. Jh. wurde das musikalische Schaffen auch von der türkischen Kultur der osmanischen Eroberer beeinflusst. Die arabischen Liedtexte waren davon weniger betroffen.
Die **moderne arabische Musik**, die seit dem 20. Jh. dank Rundfunk, Fernsehen, Videos und Internet im gesamten arabischen Raum und darüber hinaus eine breite Resonanz findet, ist nach wie vor vokal orientiert. Thematisch und musikalisch hat sie eine sprunghafte Entwicklung vollzogen. Nichtarabische Musikrichtungen werden kreativ mit eigenen Traditionen kombiniert.
Der erste Komponist und Sänger, der Gedichte (z. B. von AḤMAD ŠAUQĪ) mit europäisch beeinflusster Musik (z. B. Walzer, Rock 'n' Roll) vertonte, war Muḥammad ᶜAbd al-Wahhāb (13.3.1907 Kairo - 3.5.1991 Kairo). Er komponierte auch die Nationalhymnen für Tunesien, Ägypten, die Vereinigten Arabischen Emirate und Libyen, für die bekannte Dichter die Texte geschrieben hatten. Die berühmteste Interpretin seiner Lieder war die ägyptische Sängerin Umm Kulṯūm (gest. 3.2.1975 Kairo), zu deren umfangreichem Repertoire im Dialekt vorgetragene Liebeslieder, aber auch hochsprachliche Texte gehörten. Obwohl hochsprachliche Poesie in die Musikproduktion einbezogen wird, überwiegen Texte in den einzelnen Landesdialekten.
Aus Volksmusiktraditionen und unter Einfluss europäischer und amerikanischer **Popmusik** entstanden im 20. Jh. eigene Musikrichtungen, die ständig weiterentwickelt werden. In Algerien und darüber hinaus wurde seit den 1980er Jahren der **Raï** (رَاي rāy), der ursprünglich aus der Hirtenmusik mit einfachen Texten hervorgegangen war, nunmehr mit dem massiven Einsatz von Synthesizern zur Kultmusik der Jugend, deren rebellische Gedanken zu den Themen Liebe, Moral und Politik vertextet und von berühmten Sängern interpretiert wurden. Bereits in den 1920er Jahren waren die Raï-Texte

nicht konform mit den herrschenden Wertvorstellungen gewesen, zumal sie von Frauen aus der Unterschicht stammten, die darin ihre Ansichten über Tabuthemen wie Alkoholismus und Sexualität verbreiteten. Die Beibehaltung solcher Themen führte in den 1990er Jahren dazu, dass in Algerien berühmte Sänger (z. B. Cheb Aziz, Rašīd Bābā ᶜAlī Aḥmad, Cheb Hasni) wegen ihrer von der Islamischen Heilsfront (FIS) als Blasphemie verurteilten Texte Opfer von Mordanschlägen wurden. Die Sprache des Raï ist meist eine lose Folge von abstrakten und gegenständlichen Schlüsselbegriffen (z. B. Hass, Liebe, Wahnsinn, Verrat, Wüste, Kneipe, Auto) sowie Ausrufen und Redewendungen, die voller Mehrdeutigkeiten und Verschlüsselungen mosaikartig Gefühle und Eindrücke sowie soziale und politische Botschaften darstellen.
Mit den Umbrüchen und nachfolgenden Krisen und Kriegen in der arabischen Welt erlangte seit 2011 der **Hip-Hop** mit Rappern wie dem Ägypter Muḥammad ad-Dīb unter Jugendlichen und Intellektuellen zunehmende Beliebtheit. Palästinensische Rapper (z. B. DAM, Šādiya Manṣūr) treten schon seit der 2. Intifada (2000) auf. Begünstigt wurde die Entwicklung durch arabische Migranten, die seit den 1990er Jahren besonders im Maghreb europäischen Hip-Hop einführten. Arabische Rapper singen meistens auf Arabisch, aber auch auf Englisch oder Französisch. In den zumeist dialektalen Liedern geht es um Politik, Religion, Unterdrückung, Korruption, Zensur, Folter, Armut, Drogenkonsum. Charakteristische stilistische Mittel der stark rhythmischen Texte sind neben Refrain und gereimten Versen auch Sprachbilder, Dialoge, Imperative, rhetorische Fragen, Schimpfwörter, Fremdwörter, Wortwiederholungen und Lautmalereien. Das wichtigste Medium zur Verbreitung dieser teils nur im Untergrund agierenden Kunst ist das Internet.

Ein berühmter Rapper ist der Tunesier EL-GÉNÉRAL, eigentlich Ḥammāda b. ᶜUmar (geb. 1990 Sfax), der mit dem folgenden am 7.11.2010 veröffentlichten Lied „رَئِيس البِلَاد“ („Rais Lebled“, „Der Staatschef“) zum Sturz des tunesischen Präsidenten Bin ᶜAlī beigetragen haben soll:

رئيس البلاد
هاني اليوم نحكي مْعاك
Herr Präsident, heut red‘ ich mit dir.
باسمي وباسم الشعب والكل اللي عايش في العذاب
Im Namen meines Volkes und aller, die im Elend leben.
٢٠١١ مازال فمّ شكون يموت بالجوع
2011 haben wir, und noch immer verhungert man.
يحبّ يخدم بش يعيش لكن صوته موش مسموع
Zum Überleben will man einen Job, aber gehört wird man nicht.
اهبط للشارع وشوف العباد ولّات وحوش
Geh auf die Straße und guck mal – wie wilde Tiere sind die Leute geworden.
شوف الحاكم بالماتراك تاكاتاك ما على بالهُش
Sieh den Machthaber, wie er mit dem Knüppel kopflos um sich haut.
مادام ما فمّا حدّ باش يقول لُه كلمة لأ
Solange ihm niemand sagt: Mensch, hör auf.
حتّى القانون اللي في الدستور نفّخو وأشرب ماء
Selbst die Verfassung kannst du in ´ner Pfeife rauchen.
كل نهار نسمع قضية ركبوهاله بالسيف
Tagtäglich hört man von falschen Anklagen.
بورتان الحاكم يعرف اللي هو عبد نظيف
Auch wenn das Gericht weiß, dass die eine reine Weste haben.
نشوف في اللّحناش تضرب النساء المتحجّبين
Frauen kriegen Dresche, nur weil sie Schleier tragen.

زعمة ترضاها لبنتك؟ عارف كلامي يبكي العين

Ich weiß, dass du heulen würdest, wenn es deine Tochter wäre.

عارف ما دامك بو ما ترضاش الشرّ لصغارك

Ich weiß, dass du noch wie ein Vater fühlst und für deine Kinder nur das Beste willst.

آلور هذا ميساج عبارة واحد من صغارك

Alors, das alles sagt dir eins deiner Kinder.

يحكي معك من السوفرانس احنا عايشين كالكلاب

Es redet mit dir über unser Hundeleben, das ist zum Verrecken.

شطر الشعب عايشين الذل وذاقو من كأس العذاب

Das halbe Volk hat seine Würde verloren und bekommt die Folter zu schmecken.

رئيس البلاد شعبك مات برشة عباد من الزبلة اكلات

Herr Präsident, dein Volk ist tot, denn es fraß Müll und Schrott.

هاك تشوف آش قاعد صاير في البلاد

Mensch, siehst du endlich, was in deinem Land los ist, ja dort.

مآسي بارتو وناس ما لقاتش وين تبات

So ein Elend überall und nicht mal ein Platz zum Schlafen, oh mein Gott.

هاني نحكي باسم الشعب اللي تظلمو واللي ندسّو بالصباط

Ich red' im Namen des Volkes, das von dir nur einen Tritt bekommt im Galopp.

[...]

Kontroll- und Vertiefungsaufgaben:

a) Welche enge Verbindung besteht zwischen arabischer Musik und arabischer Poesie?
b) Warum sind Komponisten klassischer arabischer Musik nicht berühmt geworden?
c) Welche Themen bestimmen den Inhalt moderner arabischer Liedtexte?

Anhang

Moderne arabische Dichter im Überblick

Oftmals werden Dichter in der arabischen Welt, nicht zuletzt wegen ihrer gemeinsamen Sprache, länderübergreifend wahrgenommen.
Die folgende Auswahl von Vertretern der modernen arabischen Dichtung kann nur Beispiele erfassen. Die aufgeführten Lebensdaten stützen sich auf veröffentlichte Angaben, sind aber besonders bei den Geburtstagen (und sogar Geburtsjahren) keineswegs in jedem Fall richtig, weil diese in der Vergangenheit nicht immer standesamtlich oder innerhalb der Familien registriert wurden.
Die hier vorgenommene Ordnung erfolgt nach Geburtsjahr und nach Herkunftsländern (in alphabetischer Reihenfolge).

Algerien:

Name	Lebensdaten	Wirkungskreis
Mufdī Zakarīa	12.6.1908 Ġardāya – 17.8.1977 Tunis	Algerien, Tunis
Musṭafā Tūmī	14.7.1937 Al-Kaṣaba – 2.4.2013 Algier	Algier, Marokko,
Ašūr Fannī	geb. 2.12.1957 Saṭīf	Algier, Kairo

Ägypten:

Name	Lebensdaten	Wirkungskreis
Aḥmad Šauqī	25.12.1868 Kairo – 14.10.1932 Kairo	Montpellier, Paris, Kairo, Spanien
Ḥāfiẓ Ibrāhīm	24.2.1872 Dairūṭ – 21.6.1932 Kairo	Ṭanṭā, Ḥilwān, Kairo
Muṣṭafā Ṣādiq ar-Rāfiī	1.1.1880 Bahtīm – 10.5.1937 Ṭanṭā	Ṭanṭā
Aḥmad Rāmī	9.8.1892 Kairo – 5.6.1981 Kairo	Kairo, Paris
Ibrāhīm Nāǧī	31.12.1898 Kairo – 27.3.1953 Kairo	Kairo
Aḥmad Fu'ād Naǧm al-Fāǧūmī	22.5.1929 Šarqīya – 3.12.2013 Kairo	Kairo
Ṣalāḥ ᶜAbd aṣ-Ṣabūr	3.5.1931 Az-Zaqāzīq – 14.8.1981 Kairo	Kairo, Indien
Aḥmad ᶜAbd al-Muᶜṭī Ḥiǧāzī	geb. 1935 Al-Minūfīya	Paris, Kairo
Fārūq Šūša	geb. 1936 Dumyāṭ	Kairo
Muḥammad ᶜAfīfī Maṭar	1935 Ramlat al-Anǧab – 28.6.2010 Kairo	Kairo, Irak
Amal Abū 'l-Qāsim Dunqul	1940 Qinā – 21.5.1983 Kairo	Kairo, Qinā, Sues, Alexandria
Fāṭima Nāᶜūt	geb. 18.9.1964 Kairo	Kairo
Imān Mirsāl	geb. 30.11.1966 Mait ᶜAdlān	Al-Manṣūra, Kairo, Boston, Edmonton
Hišām al-Ǧaḫ	geb. 1.10.1978 Sūhāǧ	Kairo

Bahrain:

Name	Lebensdaten	Wirkungskreis
Ibrāhīm al-ᶜArrayaḍ	8.3.1908 Bombay – 1.5.2002 Al-Manāma	Bombay, Delhi, Bahrain
Qāsim Ḥaddād	geb. 1948 Al-Manāma	Bahrain
Ḥamda Ḫamīs	geb. 1948 Al-Manāma	Bagdad, Bahrain
ᶜAlī aš-Šarqāwī	geb. 1948 Al-Manāma	Bahrain, Großbritannien
ᶜAlī al-Ğallāwī	geb. 1975 Al-Manāma	Bahrain, Deutschland

Irak:

Name	Lebensdaten	Wirkungskreis
Ğamīl Ṣidqī az-Zahāwī	1863 – 23.2.1936 Bagdad	Bagdad, Damaskus, Beirut, Kairo
Maᶜrūf ar-Ruṣāfī	1875 Bagdad – 16.3.1945 Bagdad	Bagdad, Istanbul, Damaskus, Jerusalem
Muḥammad Mahdī al-Ğawāhirī	1899 An-Nağaf – 27.7.1997 Damaskus	An-Nağaf, Bagdad, Al-Ḥilla, Damaskus, Beirut, Prag
Badr Šākir as-Sayyāb	1926 Ğaikūr – 24.12.1964 Kuwait	Bagdad, Kuwait
Nāzik al-Malā'ika	23.8.1922 oder 1923 Bagdad – 20.6.2007 Kairo	Bagdad, USA, Al-Baṣra, Kuwait, Ägypten

ᶜAbd al-Wahhāb al-Bayātī	19.12.1926 Bagdad – 3.8.1999 Damaskus	Bagdad, Kairo, Beirut, Damaskus, London, Moskau, Madrid
Fāḍil al-ᶜAzzāwī	geb. 1940 Kirkūk	Bagdad, Leipzig, Berlin
Sarkūn Būluṣ	1944 Al-Ḥabbānīya – 22.10.2007 Berlin	Kirkk, Beirut, San Francisco, Berkeley, San Bruno, Deutschland
Adīb Kamāl ad-Dīn	geb. 1953 Babylon	Bagdad, Adelaide
Kāẓim as-Sāhir	geb. 12.9.1957 Mosul	Bagdad, Mosul, Jordanien, Libanon

Jemen:

Name	Lebensdaten	Wirkungskreis
Muḥāmmad Maḥmūd az-Zubairī	1910 Sanaa– 1.4.1965 Sanaa	Kairo, Taᶜizz, Aden, Pakistan, Sanaa
ᶜAbdallāh al-Baradūnī	1.1.1929 Al-Baradūn – 30.8.1999 Sanaa	Ḏamār, Sanaa
ᶜAbd ar-Raḥmān Faḫrī	geb. 1936 Aden	Aden, Beirut
ᶜAbd al-ᶜAzīz al-Maqāliḥ	geb. 1937 Al-Maqāliḥ	Sanaa, Kairo

Muḥammad aš-Šurafī	1940 Aš-Šāhil – 13.11.2013 Amman	Kairo, Sanaa
Muḥammad al-Ġarsī	geb. um 1945 Al-Ġars	Sanaa
Šauqī Šafīq	geb. 1955 Aden	Aden
Nabīla az-Zubair	geb. 1964 Haġāra	Sanaa
Muḥammad al-Qa^{c}ūd	geb. 1967 Ta^{c}izz	Ta^{c}izz, Sanaa
Hudā Ablān	geb. 1971 Ibb	Sanaa

Jordanien:

Name	Lebensdaten	Wirkungskreis
Muṣṭafā Wahbī at-Tall ^{c}Arār	25.5.1897 Irbid – 24.5.1949 Amman	Damaskus, Beirut, Irbid, Istanbul, Aleppo, Ma'an, Akaba, Djidda, Al-Karak, Salt, Amman
Ḥaidar Maḥmūd	geb. 1942 Haifa	Amman, Kalifornien, Tunis
Ibrāhīm Naṣrallāh	geb. 2.12.1954 Amman	Amman, Al-Qunfuḏa
Amǧad Nāṣir	geb. 1955 Aṭ-Ṭurra	Amman, London, Beirut, Aden, Zypern
Maḥmūd aš-Šalabī	geb. 1943 Bīsān	Beirut, Kairo, Yarmūk, Amman, Irbid

Katar:

Name	Lebensdaten	Wirkungskreis
Ṣadā al-Ḥarmān	23.9.1962 Al-Ḫaur – 18.8.2002 Katar	Katar
Muḥammad al-ᶜAǧamī	geb. 24.12.1975 Katar	Kairo, Katar

Kuwait:

Name	Lebensdaten	Wirkungskreis
Zaid al-Ḥarb	1887 Kuwait – 21.2.1972 Kuwait	Kuwait, Indien, Jemen, Ostafrika
Aḥmad al-ᶜAdwānī	1923 Kuwait – 17.6.1990 Kuwait	Kuwait, Kairo
Fā'iq ᶜAbd al-Ǧalīl, *eigentlich* **Fā'iq Muḥammad ᶜAlī al-ᶜAiyāḍī**	5.5.1948 Kuwait – nach 1990 Irak	Kuwait
Naǧma Idrīs	geb. 25.12.1952 Kuwait	Kuwait, London
Hudā Aškanānī	geb. 1986 Kuwait	Kuwait

Libanon:

Name	Lebensdaten	Wirkungskreis
Ḫalīl Maṭrān	1.7.1872 Baalbek – 1.6.1949 Ägypten	Ägypten
Ǧibrān Ḫalīl Ǧibrān	6.1.1883 Bišāra – 10.4.1931 New York	Boston, Paris, New York

Mayy Ziyāda	11.2.1886 Nazareth – 17. oder 19.10.1941 Kairo	Nazareth, Beirut, Kairo
Sa^cīd ^cAql	4.7.1912 Zaḥla – 28.11.2014 Beirut	Beirut
Yusūf al-Ḫāl	15.5.1916 ^cAmmār al-Ḥiṣn – 9.3.1987	Tripoli, New York, Beirut
Unsī al-Ḥāğğ	1937 Beirut – 18.2.2014 Beirut	Beirut
^cInāya Ğābir	geb. 1957 Beirut	Beirut
Ğumāna Ḥaddād	geb. 6.12.1970 Beirut	Beirut

Libyen:

Name	**Lebensdaten**	**Wirkungskreis**
Rağab al-Māğirī	22.11.1930 Darna – 3.12.2012 Benghazi	Kairo, Tripolis
^cĀšūr aṭ-Ṭuwaibī	geb. 1952 Tripolis	Tripolis, Galway, Az-Zāwiya, Trondheim
Idrīs aṭ-Ṭayyib	geb. 1952 Al-Marğ	Finnland, Tripolis, Schweden, Rom
Miftāḥ al-^cAmmārī	geb. 16.7.1956 Benghazi	Tripolis
Ḥawā' al-Qamūdī	geb. 11.6.1962 Tripolis	Tripolis
Rabī^c Šarīr	geb. 9.4.1979 Tripolis	Az-Zāwiya, Tripolis,

Marokko:

Name	Lebensdaten	Wirkungskreis
ᶜAbd al-Malik Balġīṭī	1906 Fes – 23.11.2010	Marokko
Muḥammad al-Ḥalwī	1922 Fes – 24.12.2004 Ṭitwān	Fes, Ṭitwān,
Aḥmad al-Maǧǧāṭī	1936 Casablanca – 1995	Damaskus, Rabat
Muḥammad Bannīs	geb. 1948 Fes	Fes, Al-Muḥammadīya, Rabat
ᶜAbdallāh Zuraiqa	geb. 1953 Casablanca	Casablanca
Ṯurayia Maǧdūlīn	geb. 1960 Siṭṭāt	Wuǧda
Wafā' al-ᶜAmrānī	geb. 15.4.1960 Ksar al-Kabīr	Rabat, Al-Muḥammadīya, Damaskus
Hasan Naǧmī	geb. 1960 Siṭṭāt	Casablanca
Ḥasan al-Wazzānī	geb. 1970 Asfī	Rabat

Mauretanien:

Name	Lebensdaten	Wirkungskreis
Muḥammad Walad ᶜAbdī	1964 Guerou – 28.12.2014 Abu Dhabi	Rabat, Nouakchott, Abu Dhabi
Muḥammad Walad Idūm	geb. 28.12.1981 Kaifa	Nouakchott

Oman:

Name	Lebensdaten	Wirkungskreis
Abū Muslim al-Bahlānī	1860 Oman – 1920 Sansibar	Oman, Sansibar
ᶜAbdallāh b. Muḥammad aṭ-Ṭāʾī	15.6.1924 Maskat – 18.7.1973 Abu Dhabi	Pakistan, Bahrain, Kuwait, Vereinigte Arabische Emirate, Oman
ᶜAbdallāh b. ᶜAlī al-Ḫalīlī	1922 Samāʾil – 30.7.2000 Samāʿil	Samāʾil, Nizwa
Saif ar-Raḥbī	geb. 1956 Surūr	Oman, Kairo, Damaskus, Algerien, Paris, London
Zāhir al-Ġāfirī	geb. 1956 Oman	Bagdad, Rabat, Schweden

Palästina:

Name	Lebensdaten	Wirkungskreis
Ibrāhīm Ṭūqān	1905 Nābulus – 2.5.1941 Jerusalem	Beirut, Nābulus, Jerusalem
Fadwā Ṭūqān	1917 Nābulus – 12.12.2003 Nābulus	Oxford, Nābulus
Muᶜin Bsīsū	1926 Gaza – 23.1.1984 London	Gaza, Kairo

ᶜAbd ar-Raḥmān Bārūd	1937 Bait Darās – 17.4.2010 Saudi-Arabien	Kairo, Djidda
Samīḥ al-Qāsim	11.5.1939 Az-Zarqā' – 19.8.2014 Ṣafad	Haifa
Maḥmūd Darwīš	13.3.1941 Al-Birwa – 9.8.2008 Houston	Al-Birwa, Damur, Dair al-Asad, Nazareth, Haifa, Moskau, Kairo, Beirut, Zypern, Paris, Tunis, Amman, Ramallah
Murīd al-Barġūṯī	geb. 8.7.1944 Dair Ġassāna	Kuwait, Kairo, Budapest, Ramallah
Zakarīa Muḥammad	geb. 1951 Nābulus	Libyen, Bagdad, Beirut, Amman, Damaskus, Ramallah
Tamīm al-Barġūṯī	geb. 1977 Kairo	Kairo, Berlin, Al-Khartum, New York, Washington

Saudi-Arabien:

Name	Lebensdaten	Wirkungskreis
ᶜAbd al-Muḥsin b. ᶜAbd al-ᶜAzīz Āl Saᶜūd	1925 Riad – 10.5.1985 Riad	Riad, Medina
Rašīd Zaid az-Zlāmī al-ᶜUtaibī	1926 Hedschas – 29.12.2014 Ǧidda	Kuwait, Ǧidda

Muṭlaq Ḥamīd aṯ-Ṯubaitī al-ᶜUtaibī	9.9.1937 Aṭ-Ṭā'if – 31.7.1995 USA	Mekka, Manchester, Riad, Al-Khartum
Ġāzī ᶜAbd ar-Raḥmān al-Quṣaibī	3.3.1940 Al-Hufūf – 15.8.2010 Riad	Bahrain, Kairo, Kalifornien, London, Riad
Fauzīya Abū Ḫālid	1955 Riad	Beirut, Oregon, Riad
ᶜAbdallāh Ṯābit	1973 Abhā	Abhā, Ğidda

Somalia:

Name	Lebensdaten	Wirkungskreis
ᶜAbdallāh Muᶜallim Ṭauḏān	geb. 1938? Westsomalia	Somalia, Hargeysa, Dire Dawa
Muḥammad al-Hādī	geb. 1967 Barāwa	Mogadischu, Jemen, Mombasa, London

Sudan:

Name	Lebensdaten	Wirkungskreis
Muḥammad al-Faitūrī	24.11.1930 Al-Ğanīna – 24.4.2015 Marokko	Kairo, Rom, Beirut, Rabat, Tripolis
ᶜAbd al-Karīm al-Kāblī	geb. 1933 Port Sudan	Khartum, Saudi-Arabien

Ṣalāḥ Aḥmad Ibrāhīm	1933 Umm Durmān – 15.5. 1993 Paris	Khartum, Accra, Algier, Paris
Ibrāhīm ᶜAlī Salmān	1937 Dār al-Manāṣīr – 30.3.1995 Bazwi	Dār al-Manāṣīr, Libyen
Ğīlī ᶜAbd ar-Raḥmān	1939 Sai – 24.8.1990 Kairo	Kairo, Moskau, Aden, Algier
Muḥammad ᶜAbd al-Ḥayy	1.1.1944 Ad-Dāmir – 23.8.1989 Khartum	Khartum, Leeds, Oxford
Maḥğūb Šarīf	1.1.1948 Āb Qadūm – 2.4.2014 Umm Durmān	Khartum
aṣ-Ṣādiq ar-Raḍḍī	geb. 1969 Umm Durmān	Khartum

Syrien:

Name	Lebensdaten	Wirkungskreis
Maryāna Marrāš	1848 Aleppo – 1919 Aleppo	Aleppo
Badawī al-Ğabal	1905 oder 1907 Dīfa – 19.8.1981 Syrien	Damaskus, Bagdad

ᶜUmar Abū Rīša	10.4.1910 Manbiǧ – 15.7.1990 Ǧidda	Damaskus, Beirut, Manchester, Aleppo, Brasilia, Buenos Aires, Santiago de Chile, Delhi, Wien, Washington
Nizār Qabbānī	21.3.1923 Damaskus – 30.4.1998 London	Beirut, Kairo, Madrid, London
Adūnīs	geb. 1930 Al-Qaṣṣābīn	Ṭarṭūs, Damaskus, Beirut, Berlin, Paris
Colette Ḫūrī	geb. 1931 oder 1937	Damaskus, Beirut
Muḥammad al-Māġūṭ	1934 As-Salamīya – 3.4.2006 Damaskus	Damaskus, Beirut
ᶜĀdil Qarašūlī	geb. 15.10.1936 Damaskus	Damaskus, Leipzig
Salīm Barakāt	geb. 1951 Al-Qāmišlī	Damaskus, Beirut, Zypern, Schweden
Amīra Abū 'l-Ḥusn	geb. 1959 Al-Qāmišlī	Dubai
Hālā Muḥammad	geb. 1959 Al-Lāḏiqīya	Damaskus, Paris
Rašā ᶜUmrān	geb. 1964 Ṭarṭūs	Damaskus, Kairo

Tunesien:

Name	Lebensdaten	Wirkungskreis
Abū 'l-Qāsim aš-Šābbī	24.2.1909 Tauzar – 9.10.1934 Tunis	Tunis
Faḍīla aš-Šābbī	geb. 23.1.1946 Tauzar	Tunis
Muḥammad al-Ġazzī	geb. 24.2.1949 Al-Qairawān	Al-Qairawān, Tunis
Yusūf Rzūqa	geb. 21.3.1957 Quṣūr as-Sāf	Tunis, Moskau
Amāl Mūsā	geb. 30.11.1970 Tunis	Tunis

Vereinigte Arabische Emirate:

Name	Lebensdaten	Wirkungskreis
Aḥmad b. Sulayyim	1905 Dubai – 1976 Mumbay	Dubai, Indien
ᶜAuša bint Ḫalīfa as-Suwaidī Fatāt al-ᶜArab	geb. 1920 Al-Ain	Al-Ain, Dubai
Ṣaqr b. Sulṭān al-Qāsimī	1925 Aš-Šāriqa – 9.12.1993 Ägypten	Aš-Šāriqa, Kairo, Abu Dhabi
Mānīᶜ Saᶜīd al-ᶜUtaiba	13.5.1946 Abu Dhabi	Abu Dhabi, Marokko
Maisūn Ṣaqr al-Qāsimī	geb. 1958 Aš-Šāriqa	Kairo, Abu Dhabi
Nuǧūm al-Ġānim	geb. 24.10.1962 Dubai	Dubai, Ohio, Brisbane

Literaturempfehlungen

Bauer, Thomas: Liebe und Liebesdichtung in der arabischen Welt des 9. Und 10. Jahrhunderts: eine literatur- und mentalitätsgeschichtliche Studien des arabischen Ġazal. Wiesbaden: Harrassowitz, 1998 (Diskurse der Arabistik; Bd. 2)

Bauer, Thomas: Altarabische Dichtkunst: eine Untersuchung ihrer Struktur und Entwicklung am Beispiel der Onager-episode. Wiesbaden: Harrassowitz, 1992

Bossong, Georg [Hrsg.]: Das Wunder von al-Andalus: die schönsten Gedichte aus dem maurischen Spanien. München: Beck, 2005

Freytag, Georg Wilhelm F.: Darstellung der arabischen Verskunst: mit sechs Anhaengen ... nach handschriftlichen Quellen bearbeitet und mit Registern versehn. Bonn: Carl Cnobloch, 1830

Ǧurǧānī, ᶜAbd al-Qāhir Ibn ᶜAbd ar-Raḥmān al-: Die Geheimnisse der Wortkunst (Asrār al-balāġa) des ᶜAbdalqāhir al-Curcānī / aus dem Arabischen übersetzt von Hellmut Ritter. Wiesbaden: Franz Steiner Verlag, 1959

Hölscher, Gustav: Arabische Metrik. In: Zeitschrift der Deutschen Morgenländischen Gesellschaft. Bd. 74. Wiesbaden: Harrassowitz, 1920

Jacobi, Renate: Studien zur Poetik der altarabischen Qaṣide. Wiesbaden: Franz Steiner Verlag, 1971

Jahn, Jahnheinz [Hrsg.]: Der arabische Liebesdiwan: Lyrik des Morgenlandes. - 1. Aufl. - München: Goldmann Verlag, 1986

Maaly, Khalid Al- [Hrsg.]: Die Flügel meines schweren Herzens: Lyrik arabischer Dichterinnen vom 5. Jahrhundert bis heute / hrsg. von Khalid Al-Maaly. Aus dem Arab. übers. von Khalid Al-Maaly und Heribert Becker. Zürich: Manesse-Verlag, 2008

Maaly, Khalid Al- [Hrsg.]: Zwischen Zauber und Zeichen: Moderne arabische Lyrik von 1945 bis heute. - 1. Aufl. - Berlin: Das Arabische Buch, 2000

Mehren, August Ferdinand Michael von: Die Rhetorik der Araber: nach den wichtigsten Quellen dargestellt und mit angefügten Textauszügen nebst einem literaturgeschichtlichen Anhange versehen. Kopenhagen: Schwartz, 1853; Wien: kuk Hof- u. Staatsdr., 1853

Mez, Adam: Die Renaissance des Islams. Hildesheim: Georg Olms Verlagsbuchhandlung 1968 (Reprografischer Nachdruck der Ausgabe Heidelberg 1922)

Mommsen, Katharina: Goethe und der Islam / hrsg. und mit einem Nachwort versehen von Peter-Anton von Arnim. - 1. Aufl. - Frankfurt a. M. [u.a.]: Insel Verlag, 2001

Ott, Claudia: Gold auf Lapislazuli: Die 100 schönsten Liebesgedichte des Orients. München: Verlag C. H. Beck, 2008

Schack, Adolf Friedrich von: Poesie und Kunst der Araber in Spanien und Sicilien. Bde. 1 und 2. Stuttgart: Cotta, 1877

Schoeler, Gregor: Arabische Naturdichtung: die Zahrīyāt, Rabīᶜīyāt und Rauḍīyāt von ihren Anfängen bis Aṣ-Ṣanaubarī; eine gattungs-, motiv- und stilgeschichtliche Untersuchung. Beirut: Orient-Institut der Dt. Morgenländ. Ges.; Wiesbaden: Steiner [in Kommission], 1974

Touma, Habib Hassan: Die Musik der Araber. Erweiterte Neuausgabe: „Heinrichshafen-Bücher“, Wilhelmshaven: Florian Noetzel Verlag, 1989

Wagner, Ewald: Grundzüge der klassischen arabischen Dichtung. Darmstadt: Wissenschaftliche Buchgesellschaft, Bd. 1: Die altarabische Dichtung 1987, Bd. 1: Die arabische Dichtung in islamischer Zeit 1988

Weidner, Stefan [Hrsg.]: Die Farbe der Ferne: moderne arabische Dichtung / hrsg. und übersetzt von Stefan Weidner. München: Beck, 2000

Quellen der Gedichte und ihrer Übersetzungen

Die arabischen Gedichte finden sich unter anderem auf den Internetseiten:
http://www.adab.com
http://www.shamela.ws

Sofern nicht anders angegeben, wurden die zitierten Gedichte von der Verfasserin selbst übersetzt. Alle anderen Übersetzungen stammen aus folgenden Quellen:

<u>Klassische Dichtung:</u>

Bauer, Thomas: Die Badīᶜiyya des Nāṣif al-Yāziǧī und das Problem der spätosmanischen arabischen Literatur. In: Reflections on Reflections Near Eastern writers reading literature, dedicated to Renate Jacobi, By Angelika Neuwirth and Andreas Christian Islebe (eds.). Wiesbaden: Reichert Verlag 2006 (pp. 49-118), S. 100.

Bauer, Thomas: vom Sinn der Zeit aus der Geschichte des arabischen Chronogramms, In: Arabica, T. 50, Fasc. 4 (Oct., 2003), Published by: Brill (pp. 501-531), S. 524f.

Gramlich, Richard: Islamische Mystik: Sufische Texte aus zehn Jahrhunderten. Stuttgart: W. Kohlhammer 1992, S. 48.

Ǧurǧānī, ᶜAbd al-Qāhir Ibn ᶜAbd ar-Raḥmān al-: Die Geheimnisse der Wortkunst (Asrār al-balāġa) des ᶜAbdalqāhir al-Curcānī / aus dem Arabischen übersetzt von Hellmut Ritter. Wiesbaden: Franz Steiner Verlag, 1959, S. 9.

Jacobi, Renate: Abbasidische Dichung (8.-13. Jahrhundert) In: Helmut Gätje [Hrsg.]: Grundriß der arabischen Philologie. Bd. II: Literaturwissenschaft. Wiesbaden: Reichert Verlag 1987 (S. 41-77), S. 54.

Jahn, Jahnheinz [Hrsg.]: Der arabische Liebesdiwan: Lyrik des Morgenlandes. - 1. Aufl. - München: Goldmann Verlag, 1986, S. 22, 74, 97.

Kremer, Alfred Freiherr von: Diwan des Abu-Nuwâs, des grössten lyrischen Dichters der Araber / zum ersten male deutsch bearbeitet von Alfred v. Kremer Wien: Willhelm Braumuller (Druck von L. C. Zamarski), 1855, S. 23 f.

Mehren, August Ferdinand Michael von: Die Rhetorik der Araber: nach den wichtigsten Quellen dargestellt und mit angefügten Textauszügen nebst einem literaturgeschichtlichen Anhange versehen. Kopenhagen: Schwartz, 1853; Wien: kuk Hof- u. Staatsdr., 1853, S. 170.

Rückert, Friedrich: Amrilkais, der Dichter und König: sein Leben dargestellt in seinen Liedern. Stuttgart: Cotta 1843, S. 21f.

Schack, Adolf Friedrich von: Poesie und Kunst der Araber in Spanien und Sicilien. Bde. 1 und 2. Stuttgart: Cotta, 1877, S. 306.

Schimmel, Annemarie: Orientalische Dichtung in der Übersetzung Friedrich Rückerts. In: Blüm, Elger und Lutz Mackensen [Hrsg.]: Sammlung Dieterich, Band 286. - Bremen: Carl Schünemann 1963, S. 280.

Moderne Dichtung:

Darwisch, Mahmud: Weniger Rosen. Gedichte (Arabisch-deutsch). Aus dem Arabischen übersetzt von Khalid Al-Maaly und Heribert Becker. 1. Aufl. Berlin: Das Arabische Buch 1996, S. 45, 49.

Maaly, Khalid Al- [Hrsg.]: Die Flügel meines schweren Herzens: Lyrik arabischer Dichterinnen vom 5. Jahrhundert bis heute / hrsg. von Khalid Al-Maaly. Aus dem Arab. übers. von Khalid Al-Maaly und Heribert Becker. Zürich: Manesse-Verlag, 2008 , S. 8, 73.

Weidner, Stefan [Hrsg.]: Die Farbe der Ferne: moderne arabische Dichtung / hrsg. und übers. von Stefan Weidner. München: Beck, 2000, S. 47f.

Bildnachweis

Die Abbildungen wurden mit freundlicher Genehmigung zur Verfügung gestellt von:

Kristina Stock (S. 11, 19, 29, 30, 32, 56, 57, 81, 84, 85, 99, 103)
Stefania Stock (S. 15)
Wikimedia Commons (S. 51, 98, 108, 137, 148, 155)

Index